Como escrever um Romance

Copyright desta edição © 2011 É Realizações

Editor
Edson Manoel de Oliveira Filho

Produção editorial, capa e projeto gráfico
É Realizações Editora

Revisão
Luciane Gomide
Viviam Moreira

Reservados todos os direitos desta obra. Proibida toda e qualquer reprodução desta edição por qualquer meio ou forma, seja ela eletrônica ou mecânica, fotocópia, gravação ou qualquer outro meio de reprodução, sem permissão expressa do editor.

Dados Internacionais de Catalogação na Publicação (CIP)
(Câmara Brasileira do Livro, SP, Brasil)

Unamuno, Miguel de, 1864-1936.
Como Escrever um Romance / Miguel de Unamuno ; tradução Antonio Fernando Borges. -- São Paulo : É Realizações, 2011.
(Coleção Educação Clássica)

Título original: Cómo se Hace una Novela.
ISBN 978-85-8033-045-8

1. Análise do discurso narrativo 2. Escritores espanhóis 3. Estruturalismo (Análise literária) 4. Literatura - Filosofia 5. Narrativa (Retórica) 6. Unamuno, Miguel de, 1864-1936 - Crítica e interpretação I. Título.

11-05978   CDD-863.6

ÍNDICES PARA CATÁLOGO SISTEMÁTICO:
1. Narrativa : Análise estrutural : Crítica e interpretação : Literatura espanhola   863.6

É Realizações Editora, Livraria e Distribuidora Ltda.
Rua França Pinto, 498 · São Paulo SP · 04016-002
Caixa Postal: 45321 · 04010-970 · Telefax: (5511) 5572 5363
atendimento@erealizacoes.com.br · www.erealizacoes.com.br

Este livro foi impresso pela Mundial Gráfica em outubro de 2017.
Os tipos são da família Weiss BT, Credit Valley e Black Jack.
O papel do miolo é o Lux Cream 80g, e o da capa Ningbo C2 250g.

Como escrever um Romance

Miguel de Unamuno

Tradução
ANTONIO FERNANDO BORGES

2ª impressão

SUMÁRIO

Introdução *por Paul R. Olson* 7
    O pano de fundo histórico 9
    Estrutura e ontologia 10
    Leitor e escritor 20
    Paternidade e filiação 23
    O espelho e a simetria da vida humana 24

As edições de *Como Escrever um Romance* 29

COMO ESCREVER UM ROMANCE 35

Prólogo 37
Retrato de Unamuno, por Jean Cassou 43
Comentário 53
Como Escrever um Romance 69
Continuação 117

Bibliografia 141

INTRODUÇÃO

Paul R. Olson

Fruto de uma profunda crise espiritual que Miguel de Unamuno sofreu durante o desterro em Paris, este pequeno livro que aqui apresentamos em edição integral foi reconhecido pela crítica contemporânea como uma peça-chave na estrutura do pensamento unamuniano – não só por seus elementos recorrentes, mas também em seu aspecto temporal.

Cabe a Antonio Sánchez Barbudo o mérito de haver identificado nesta obra o surgimento de um novo monismo ontológico, a partir da recusa – ao menos em certo momento – da dicotomia kantiana de fenômeno e númeno, fenômeno levado ao ápice por toda a tradição filosófica do pensamento dualista.[1] No entanto, a teoria que Sánchez Barbudo procurava apoiar quando destacou a importância desta obra – a teoria de um "Unamuno hipócrita" – não foi plenamente aceita pelos críticos e pesquisadores, um julgamento com que estamos totalmente de acordo.

Carlos Blanco Aguinaga atribui importância semelhante a *Como Escrever um Romance*, mas (depois de manifestar discordância radical da tese central de Sánchez Barbudo) afirma que este é o livro "em que a tensão entre as duas tendências é a mais violenta" – a do Unamuno agônico e a do Unamuno contemplativo.[2] E logo depois Armando Zubizarreta dedica à presente obra a mais extensa e rigorosa análise já

---

[1] Antonio Sánchez Barbudo, "Los Últimos Años de Unamuno. El Misterio de la Personalidad en Unamuno (*Cómo se Hace una Novela y Otras Obras del Destierro*)". *RUBA*, XV, 1950, p. 201-54. Este artigo foi coligido com outros ensaios do próprio autor em *Estudios sobre Unamuno y Machado*. Madri, Ediciones Guadarrama, 1959.

[2] Carlos Blanco Aguinaga, *El Unamuno Contemplativo*. México, 1959, p. 32. Daqui em diante, será chamada de *UC*. As edições anteriores de *Como*

feita sobre um livro de Miguel de Unamuno, para chegar à conclusão (que também deve ter sido o pressuposto *a priori* mais poderoso que inspirou um trabalho tão minucioso) de que "*Como Escrever um Romance* é obra-chave na vida, no pensamento e no estilo de Unamuno".[3] Embora o estudo de Zubizarreta (ao contrário do de Sánchez Barbudo) revele uma tendência permanente para a interpretação do pensamento religioso de Unamuno no sentido mais ortodoxo possível (com critérios às vezes notoriamente pré-conciliares), ele não deixa de reconhecer a ambiguidade deste pensamento, nem de mencionar os aspectos de *Como Escrever um Romance* que dificultam essa interpretação.

E, no entanto, por uma dessas raras combinações de circunstâncias históricas, esta obra-chave foi durante mais de quarenta anos o livro menos conhecido – e, num sentido bem diferente, o *mais mal* conhecido – de todos os que integram a *omnia opera* de Unamuno. Tão resistente quanto o próprio Unamuno a qualquer classificação genérica – que o enquadrasse em qualquer categoria que fosse –, este é um livro de estrutura curiosíssima – muito mais curiosa do que a de *Névoa* ou *Amor e Pedagogia* –, a tal ponto que é preciso confessar que já não se trata de um romance propriamente dito, mas de obra de um gênero totalmente diferente, em que entram elementos romanescos, sem dúvida, mas sem que eles sejam os determinantes. Será preciso dedicar a maior parte desta nossa introdução à questão da estrutura de *Como Escrever um Romance*, já que ela está ligada não só a problemas da forma, mas também aos de conteúdo – sendo o tema principal do livro a questão da estrutura da consciência humana e da própria realidade. Porém, antes de entrar nesse terreno, vamos examinar um pouco as circunstâncias históricas de sua criação.

Escrever um Romance serão designadas conforme é indicado no capítulo "As Edições de *Como Escrever um Romance*".

[3] Armando F. Zubizarreta, *Unamuno en su "Nivola"*. Madri, Taurus, 1960, p. 320. Daqui em diante, ZUN.

O PANO DE FUNDO HISTÓRICO

Com o Golpe de Estado de 14 de junho de 1923, chegou ao fim a etapa da história espanhola iniciada por Cánovas del Castillo, como esforço para realizar uma síntese política do princípio monárquico com o constitucionalismo liberal. O diretório militar que se instalou com o golpe suprimiu não apenas a Constituição de 1876, mas o próprio princípio do constitucionalismo. Ao mesmo tempo, eclipsou-se o ideal político baseado num conceito da história como processo, que nos anos anteriores tinha sido suficientemente forte (mesmo depois do assassinato daquele que arquitetou a restauração) para permitir um diálogo permanente entre diferentes setores da opinião nacional – e Unamuno havia sido um interlocutor ativíssimo naquele diálogo, preferindo ser acusado muitas vezes de crimes de lesa-majestade a ver esfriar demais o afã de seus compatriotas de encontrar um caminho autêntico e próprio para um futuro de justiça, tanto no plano material quanto no espiritual.

A Grande Guerra europeia tinha dado aos espanhóis, assim como a todos os povos ocidentais, um novo motivo para se reunirem em dois grupos opostos, de "aliadófilos" e "germanófilos", que em termos gerais correspondiam à oposição entre os setores liberais e os conservadores do campo político. Por conta da aparente germanofilia do rei Afonso XIII, Unamuno se entregou a uma acalorada atividade antimonárquica, desdobrada – mesmo depois de terminado o conflito europeu – numa crítica à política africana do rei, que teve como consequência a Real Ordem de 20 de fevereiro de 1924 (já sob o governo do diretório), a qual decretava o desterro de Unamuno em Fuerteventura. Do desterro nas Canárias ele só se livrou graças a uma anistia geral decretada, sem que ele soubesse, pouco antes de sua fuga para a França, com a ajuda de Henry Dumay, diretor do jornal *Le Quotidien*. Obrigado a fazer uma escala em Las Palmas por causa de uma tempestade, Unamuno recebeu a notícia da anistia, mas, depois de avaliar a possibilidade de voltar a Salamanca – mesmo sem ter certeza de que lhe devolveriam sua cátedra –, decidiu seguir rumo a Cherburgo, para poder continuar, primeiro em Paris e depois em Hendaye, sua luta contra um governo que castigava e anistiava com a mesma arbitrariedade, sem que houvesse crime comprovado ou nem sequer denunciado.

Unamuno chegou a Paris em 28 de julho de 1924 e, depois de um breve período em que atraiu a atenção dos intelectuais, mergulhou numa solidão que lhe pareceu abissal, ainda que atenuada pela amizade e pela boa vontade do jovem Jean Cassou, do escritor e diplomata peruano Ventura García Calderón e de Eduardo Ortega y Gasset (irmão do filósofo espanhol). Além disso, tinha a oportunidade de assistir com frequência a uma tertúlia de espanhóis no Café de la Rotonde. No entanto, não se poderia esperar que essas amizades recentes suprissem a complexa estrutura de relações familiares e pessoais que tinha sido sua vida durante sessenta anos. Unamuno descreve o estado de espírito resultante de tais condições de vida em alguns dos parágrafos mais expressivos deste livro, e é um tema constante do núcleo central da obra.[4]

ESTRUTURA E ONTOLOGIA

Em linhas gerais, a estrutura de *Como Escrever um Romance* corresponde à história exterior do texto – tanto no que se refere à sua criação quanto à história de sua publicação. O núcleo central da obra, escrito em vários momentos do inverno e do verão de 1925 e traduzido para o francês por Jean Cassou, saiu no *Mercure de France* em maio de 1926. Esse núcleo consiste de uma narrativa autobiográfica das condições de espírito em que o autor se encontrava no inverno e no verão de seu primeiro ano de residência na França. Nesse relato, há a narrativa do romance autobiográfico que ele havia pensado em escrever sobre seu

---

[4] Sobre a circunstância histórica e a condição espiritual de Unamuno, ver *ZUN*, p. 21-89, e Emilio Salcedo, *Vida de Don Miguel*. Salamanca, Anaya, 1964, p. 245-315. Daqui para frente, *VDM*.

desterro, mas não se trata de uma narrativa que é simplesmente contada, mas de um romance que vai sendo escrito à medida que ele conta como iria escrevê-lo. Nesse romance "hipotético", aparece outra narrativa, a de um romance lido pelo protagonista fictício – mas autobiográfico – da narrativa intermediária.

Um ano após a publicação desse núcleo, quando começou a preparar uma nova versão espanhola para a Editora Alba, de Buenos Aires, Unamuno – já instalado em Hendaye – teve que voltar a traduzir o texto de Cassou, por não ter mais acesso a seu próprio original. Mas ele não podia fazer isso sem comentar o livro a partir da perspectiva dos dias que lhe dedicou, entre maio e julho de 1925, passados num ambiente que lhe lembrava tanto seu país basco natal, e que ele não considerava menos basco só porque ficava em território francês.

A primeira edição em espanhol contém, portanto, as seguintes partes: 1) um prólogo escrito em maio de 1927, certamente antes de iniciar o trabalho de retradução; 2) a versão espanhola do "Portrait d'Unamuno" com que Cassou havia prefaciado sua tradução do núcleo central; 3) um "Comentário", ou seja, a resposta de Unamuno ao que Cassou escreveu no "Portrait", ao fim do qual o autor explica, com mais exatidão do que se via no próprio prólogo, o que ele pretendia fazer, e de fato fez, ao retraduzir o núcleo central, pondo entre colchetes os comentários que lhe ocorreram no momento da tradução; 4) o núcleo central com os comentários acrescentados e algumas variações em relação ao texto francês não assinaladas entre colchetes; 5) uma "Continuação", iniciada em princípios de junho de 1927 (no terceiro parágrafo se lê: "hoje, 4 de junho") e concluída no dia 17 do mesmo mês com uma frase que tem as ressonâncias estilísticas de um final definitivo ("E é assim, leitor, que se escreve para sempre um romance."); e 6) uma série de sete comentários finais, que também são partes da "Continuação", mas partes bem diferenciadas, porque estão datadas, logo no início, conforme o dia de sua composição. A estrutura de cada comentário é essencialmente autônoma, e é bastante significativo que as últimas palavras do livro não tenham a qualidade estilística de um final definitivo – o que sugere a impossibilidade de terminar para sempre uma obra que, no fundo, é a própria vida do autor.

Por conta disso, pode-se ver como é correto o que Unamuno afirma no final de seu comentário ao "Retrato" escrito por Cassou:

> Com o recurso dos comentários entre colchetes e as três narrativas ligadas umas às outras que constituem o texto, ele há de parecer ao leitor alguma coisa como essas caixinhas laqueadas japonesas que guardam outra caixinha, e depois outra, e depois mais outra, cada uma delas burilada e ordenada da melhor forma possível pelo artista, e trazendo por último uma caixinha final... vazia.

As três narrativas a que Unamuno se refere são: a) a de seu próprio desterro; b) a de U. Jugo de la Raza, protagonista hipotético do romance que é escrito, não o contando, mas contando como ele o escreveria; e c) a do livro encontrado pelo personagem fictício numa banca de livros às margens do Sena. A narrativa de seu desterro é, sem dúvida, a caixinha externa, a narrativa de Jugo de la Raza é a intermediária e a do romance lido é a caixinha final vazia. A tudo isso vieram se somar depois a "Continuação" e os comentários finais, que formam algo parecido com uma série de caixinhas externas que contêm as três primeiras – já que estas, como parte da experiência passada do autor, quer dizer, de sua própria intra-história, existem sempre dentro de sua consciência atualizada de cada dia. E talvez não seja um exagero dizer que as edições posteriores à de 1928, que também têm sua própria trajetória e seu próprio romance, são outras tantas caixinhas externas, "cada uma delas burilada e ordenada da melhor forma possível pelo artista".

A metáfora das caixinhas pode ser proveniente de Kierkegaard, que disse justamente no "Prólogo" de *Ou Isso, ou Aquilo*, um livro apresentado como uma série de manuscritos de vários autores (todos pseudônimos do próprio Kierkegaard):

O último escrito do autor A é um conto intitulado *Diário de um Sedutor*. Aqui nos vemos diante de novas dificuldades, uma vez que A não confessa ser o autor, mas tão somente o editor. Trata-se de um velho truque do romancista, e eu não teria nenhuma objeção se isso não tornasse tão complicada minha própria posição, porque daí decorre que um autor está enclausurado em outro, como as peças de um quebra-cabeças de caixinhas chinesas.[5]

No entanto, seja qual for a origem dessa metáfora, não há dúvida de que o modelo literário fundamental para qualquer obra composta de narrativas encaixadas umas nas outras, e mediadas por vários autores, editores ou tradutores encaixados uns nos outros, é sem dúvida *Dom Quixote* – e em *Como Escrever um Romance* vislumbramos a presença no "escritor enclausurado" arquetípico, Cide Hamete Benengeli – de quem o próprio Unamuno havia dito, no último capítulo de seu *Vida de Don*

---

[5] Tradução de *Søren Kierkegaards Samlede Vaerker*. Copenhague, 1901, I, p. X. A imagem da caixinha chinesa foi utilizada por Francisco Rico, num excelente ensaio sobre *Lazarillo*, quando se refere à conexão entre os sucessivos planos expressivos da obra: "Um ponto de vista singular seleciona a matéria, estabelece a estrutura geral, escolhe a técnica narrativa e preside o estilo – e, por sua vez, a matéria, a estrutura, a técnica e o estilo explicam esse ponto de vista. Como em uma dessas caixinhas chinesas que guardam no interior outras tantas caixinhas simétricas, cada vez menores. Todos os elementos do *Lazarillo* são solidários entre si e uns aparecem como *figuras* dos outros" (Francisco Rico, *La Novela Picaresca y el Punto de Vista*. Barcelona, Editorial Seix Barral, 1970, p. 51). Em *Como Escrever um Romance*, desde já, trata-se de sucessivos planos narrativos e, consequentemente – ao contrário das caixas a que o professor Rico se refere –, todos pertencem à mesma ordem de expressão. Também seria preciso confessar que as "caixas" que compõem a estrutura de *Como Escrever um Romance* são bem menos solidárias do que aquelas, mas isso se deve em grande parte ao fato de que nesta obra se expressa uma consciência explícita e reflexiva de sua própria estrutura e do significado da imagem das caixas interligadas como arquétipo estrutural do romance – ou, pelo menos, dos melhores romances – desde os primórdios desse gênero. Significado amplamente confirmado, na nossa opinião, pela corretíssima análise de Rico.

Quijote y Sancho, que "não é um mero recurso literário, mas encobre uma verdade profunda, a de que essa história foi ditada a Cervantes por um outro que ele levava dentro de si, e com o qual não se relacionou nem antes nem depois de tê-la escrito: um espírito que morava nas profundezas de sua alma".

Mas não será nas possíveis fontes da metáfora ou no modelo clássico de sua realização literária que haveremos de encontrar o principal significado da imagem das caixinhas interligadas, já que o leitor de Unamuno reconhecerá nessa metáfora alguns aspectos fundamentais da ontologia unamuniana, presentes em sua obra desde seus primeiros anos de plenitude intelectual. No primeiro ensaio de *En Torno al Casticismo*, por exemplo, Unamuno havia dito que o grande mérito de Hegel era o de ter compreendido "que o mundo da ciência é feito de formas engastadas umas nas outras, formas de formas e formas destas formas, num processo interminável". Ao afirmar isso, também estava lembrando, sem dúvida, que para Hegel o "mundo da ciência" não é o empírico, mas o mundo dos conceitos, e que a estrutura de formas engastadas não é a do mundo físico, que é puro objeto, mas a do pensamento subjetivo, no qual o sujeito é a realidade profunda de todas as coisas. Isso parece ainda mais claro quando lemos, também na obra *En Torno al Casticismo* e pouco depois do trecho já citado: "Tudo tem entranhas, tudo tem um *dentro*, inclusive a ciência. As formas que vemos por fora têm um *dentro*, como nós temos. E assim como nós não apenas nos conhecemos mas também *nós somos*, eles *são*".

Daí resulta que o próprio conceito do Ser implica, por definição, a ideia das *sub-stâncias*, coisas – formas – que estão por baixo das formas exteriores. No entanto, embora pareça nestas palavras que Unamuno aceita a ideia da descontinuidade ontológica entre as formas exteriores e as formas interiores ou engastadas, na verdade ele não a aceita completamente: no mesmo momento, ele afirma que, "se dentro das formas se encontra a quantidade, dentro dela existe uma qualidade, o intraquantitativo, o *quid divinum*". Portanto, dentro das quantidades interiores – que são apenas formas transformadas em conceitos quantitativos por um processo analítico que *nega* a continuidade interior – existe uma qualidade espiritual ou ideal, um *quid divinum*, que restaura e mantém tal continuidade.

De fato, na ontologia unamuniana, constata-se que na maioria dos casos o conceito de interioridade é inseparável do conceito de continuidade. As imagens oceânicas que expressam as ideias de intra-história e intraconsciência na obra *En Torno al Casticismo* mostram isso com clareza:

> As ondas da História, com seu rumor e sua espuma que brilha ao sol, rolam sobre *um mar contínuo*, profundo, imensamente mais profundo que a camada que ondula sobre um mar silencioso e a cujo fundo o sol nunca chega.
>
> Essa vida intra-histórica, *silenciosa e contínua* como o próprio fundo do mar, é a substância do progresso, a verdadeira tradição (...).
> [Grifos meus]

De acordo com esse sistema, portanto, por baixo de toda forma superficial determinada por limites – quer dizer, por descontinuidades – exteriores, existe uma interioridade pura que, sendo a antítese absoluta da exterioridade, tem que estar completamente isenta de sua descontinuidade constitutiva. Daí se deduz que essa interioridade pura, ideal, implica sempre a pura continuidade, ou pelo menos tende a ela, preenchendo as descontinuidades entre as formas interiores como éter ou *pneuma* do *quid divinum*. Esses são, portanto, os pressupostos ontológicos que predominam no pensamento de Unamuno a partir de *En Torno al Casticismo* e durante todo o período de sua maturidade intelectual.[6] Essa tendência se acentua nos anos posteriores, até que a oposição entre interioridade

---

[6] Essas suposições já aparecem nos ensaios de *En Torno al Casticismo*, como acabamos de ver, mas se expressam com mais força após a crise de 1897. A esse respeito, ver A. Sánchez Barbudo, "Una Experiencia Decisiva: La Crisis de 1897". *HR*, XVIII, 1950, p. 217-43, e *VDM*, p. 81-89. O estudo fundamental sobre o pensamento ontológico de Unamuno é o livro de François Meyer, *L'Ontologie de Miguel de Unamuno*. Paris, PUF, 1955.

contínua e exterioridade descontínua se torna completa (em *Do Sentimento Trágico da Vida*, por exemplo). E quando Unamuno volta a falar das formas engastadas, em *Névoa* (1914), é para debochar da ideia sustentada pelo personagem satirizado, Antolín S. Paparrigópulos:

> Estando S. Paparrigópulos convencido de que em última instância tudo é forma, forma menos ou mais interior, sendo o próprio universo um caleidoscópio de formas engastadas umas nas outras, e que pela forma vivem todas as grandes obras que salvam os séculos, trabalhava com o esmero dos maravilhosos artífices do Renascimento a linguagem que iria revestir seus futuros trabalhos.

Porém, num artigo importante publicado alguns anos antes de *El Unamuno Contemplativo*,[7] Carlos Blanco Aguinaga adverte que, quando Unamuno diz em *Como Escrever um Romance* que "o número inventado por Kant é o que de mais fenomenal pode ocorrer e a substância do que existe de mais formal (...), o fundo de uma coisa é sua superfície", trata-se de uma mudança filosófica radical (não de uma confissão de ceticismo sempre mantido, mas hipocritamente disfarçado, como defendia Sánchez Barbudo), e embora de certa maneira esse fenomenalismo tenha precedentes em seu próprio pensamento na época de *En Torno al Casticismo* e que seja importante lembrar que a tendência numenalista também continua presente, não há dúvida de que Unamuno começa aqui a se afastar não apenas de Kant, mas também de seu querido Kierkegaard, para se voltar na direção do conceito hegeliano de que o exterior é o interior e o interior é o exterior. De fato, como tão bem ressalta Inés Azar num artigo recente,[8] parece que justamente no dualismo formulado na obra *En Torno al Casticismo* existem algumas contradições internas que derivam exatamente da pura idealidade com que

---

[7] Carlos Blanco Aguinaga, "Interioridad y Exterioridad en Unamuno". *NRFH*, VII, 1953, p. 686-701.

[8] Inés Azar, "La Estructura Novelesca de *Cómo se Hace una Novella*". *MLN*, LXXXV, 1970, p. 184-206.

Unamuno concebe os termos da antítese interioridade-exterioridade – pois se "tudo tem um *dentro*, inclusive a ciência", por que não haveríamos de dizer: "inclusive o dentro"?

Como diz Inés Azar:

> Se levarmos essa proposição até suas últimas consequências – e Unamuno a levava com uma implacabilidade matemática, embora se poupasse frequentemente das etapas intermediárias – teremos que concluir que tudo tem seu "dentro", até o "dentro". E como tudo que *tem* um "dentro" *é* superfície, teremos que admitir também, pelo menos num sentido relativo, que o fundo de uma coisa é sua superfície. O dualismo absoluto desaparece, e em seu lugar encontramos uma série (infinita em suas possibilidades) de dualidades encadeadas e sucessivas.[9]

Podemos até presumir que seria exatamente por causa das dificuldades lógicas enfrentadas nesse esforço de harmonizar a ontologia hegeliana com sua própria tendência interiorizante e substancialista que Unamuno abandonou durante tanto tempo o conceito hegeliano, aceitando o predomínio de um dualismo essencialmente kantiano (por exemplo, em *Do Sentimento Trágico da Vida* e no "Prólogo" das *Três Novelas Exemplares*), segundo o qual a interioridade numênica sempre é a verdadeira coisa em si, escondida mais do que revelada pela aparência fenomênica. De qualquer modo, é precisamente na imagem das caixinhas japonesas que se revela com maior clareza o conceito das formas engastadas e engastadoras como consequência estrutural da proposição "tudo tem um dentro" – e *Como Escrever um Romance* é a expressão literária mais acabada desse conceito. Quando o dualismo absoluto desaparece, desaparece também a interioridade absoluta, mas parece evidente que para Unamuno a interioridade relativa é preferível a um puro fenomenalismo (apesar de ele haver renunciado ao númeno kantiano), e é na imagem das caixinhas que ela sobrevive.

---

[9] Idem, p. 198.

Já não se trata de um "processo interminável", como em *En Torno al Casticismo*, porque a última caixinha está vazia, mas a preferência pela interioridade relativa foi determinante para a conclusão de que, em vez de escrever um romance – apenas um romance, com um único plano de realidade – sobre seu desterro, "a melhor maneira de escrever esse romance é contar como se deve escrevê-lo. É o romance do romance, a criação da criação. Ou o Deus de Deus. *Deus de Deo*". É também o apogeu de toda uma tendência – iniciada, sem dúvida, por Cervantes – de voltar o romance sobre ele mesmo, tornando-se cada vez mais antirromance, desromanceando-se.[10] A obra de Unamuno, *Como Escrever um Romance*, é o apogeu de um processo antirromanesco iniciado em *Amor e Pedagogia*, levado a um cume de maestria artística em *Névoa* e desdobrado aqui, para além do romance antirromance, para além da própria arte, justamente pelo empenho de transformar a vida – e a própria realidade – em romance, história escrita para sempre.[11]

---

[10] Sobre o caráter antirromanesco de *Amor e Pedagogia*, ver nosso artigo "The Novelistic Logos in Unamuno's *Amor y Pedagogía*". *MLN*, LXXXIV, 1969, p. 248-68. Um comentário análogo sobre *Névoa* pode ser encontrado em Carlos Blanco Aguinaga, "Unamuno's *Niebla*: Existence and the Game of Fiction". *MLN*, LXXIV, 1964, p. 200.

[11] Lembramos aqui uma frase de Tucídides que Unamuno tinha muito presente quando escreveu *Como Escrever um Romance*. Ver nota 14 do "Comentário". Não tivemos a pretensão de apresentar aqui uma história completa das formas interligadas no pensamento de Unamuno, mas vale a pena acrescentar que, em 1934, Miguel de Unamuno ainda estava pensando na mesma imagem quando declarou que ele mesmo estava se aproximando da última caixinha vazia, e em seguida acrescentou: "Pode ser que no vazio da última caixa reste alguma coisa" (ZUN, p. 367), e com isso volta à tona a hipótese do *quid divinum*. Quanto ao que se afirmou anteriormente a respeito da tendência reflexiva e antirromanesca do pensamento unamuniano a partir de *Amor e Pedagogia*, é preciso reconhecer – para evitar equívocos – que, quando chegou a *Como Escrever um Romance*, o processo de dissolução já estava quase completamente realizado. Do romance, em si, restou muito pouco e por isso será preciso classificar o que resta mais como uma obra de análise do que de "invenção"

Não podemos abandonar esse assunto sem assinalar um aspecto do problema do Ser em Unamuno, que transcende a questão das estruturas ontológicas. Trata-se desse caráter de mistério que o milagre de Ser e Existir sempre tem para ele. Em certo sentido, poderíamos dizer que é um mistério não apenas ontológico, mas – sobretudo – ontogenético, que se expressa numa série de perguntas sobre as origens de tudo. Quando Augusto Pérez pergunta: "Por que existe mundo, e não Deus, nem o nada?", ou quando Joaquín Montenegro pergunta a seu confessor por que nasceu, sem prestar atenção no "para quê" proposto pelo sacerdote, os dois personagens estão se referindo às origens (o para quê), e não parece exagero que a tão conhecida preocupação do Unamuno agonizante com a finalidade da vida quase sempre viesse acompanhada de uma preocupação reflexa e complementar com suas origens.

E não menos misteriosa do que a origem da vida humana é a origem dos entes literários. O título de *Como Escrever um Romance* contém e relembra uma pergunta anterior, que está implícita, sobre o *como* (que é também o *porquê*) da criação literária – pergunta que ele responde não com uma solução lógica, mas atirando-se à obra, de maneira vivípara, para o que Deus quiser – para dizer com palavras que ele tinha usado anos antes[12] – ou, como ele mesmo dirá quase no final de *Como Escrever um Romance*, transformando o projeto (equivalente romano do grego *problema*) em trajeto. Porém, antes de se atirar, antes do trajeto, vem o momento angustiado da contemplação do nada nas folhas em branco que o autor tem à sua frente, consciente da necessidade imperativa de extrair um ente desse nada. Por isso ele começa o núcleo central do livro dizendo: "Eis-me aqui,

---

no sentido tradicional. Desde já, trata-se de uma análise do processo inventivo através da autoanálise do próprio escritor. Por isso, seria ingenuidade imaginar que Unamuno teria pensado em apresentar esta obra como espelho e modelo de romances, assim como seria ingenuidade objetar que não é assim que se deve escrever um romance, considerando-a, portanto, uma obra fracassada em sua intenção.

[12] O famoso ensaio "A lo que Salga" é de setembro de 1904.

leitor, diante das folhas em branco – brancas como o negro futuro: brancura terrível! – procurando parar o tempo que passa, fixar o hoje fugidio. Eternizar-me, ou imortalizar-me (...)".

O resultado inevitável – talvez o único possível – dessa angústia prévia, que no caso do presente livro acompanha o autor ao longo de todo o processo de criação, é uma obra que é apenas o romance de um romance, sobre o problemático que é escrever um romance, romance hipotético que o autor escreveria "se em vez de escrevê-lo tentasse contá-lo". Mas, no fundo, não se trata exclusivamente da dificuldade da criação literária, mas também – e antes de mais nada – do quanto é problemático compor uma vida.

LEITOR E ESCRITOR

A leitura que acompanha Unamuno durante todo o período de criação do núcleo central é a das *Lettere d'Amore*, de Giuseppe Mazzini, com cuja experiência de desterro ele identifica, em grande parte, a sua. De forma parecida, mas em menor grau, Unamuno traz presente também a história do desterro de Victor Hugo. A poesia política do livro de sonetos *De Fuerteventura a París* (Paris, 1925) e do *Romancero del Destierro* (Buenos Aires, 1928) lembra os *Châtiments* de Hugo, assim como os comentários em prosa de seus dois livros fazem pensar em *Napoléon le Petit*. Porém, embora Hugo seja mencionado em *Como Escrever um Romance*, é evidente que ele não foi um modelo literário para Unamuno, nem parece ter sido parte importante de suas leituras no período de criação da presente obra – apesar de muitos traços exteriores do desterro de Unamuno (os meses passados numa ilha, a recusa da anistia, o caráter pessoal de sua polêmica) se parecerem mais com os do desterro de Hugo do que com as experiências de Mazzini.

Mas o fato é que o caráter de confissão pessoal e íntima das cartas de Mazzini a Giuditta Sidoli impressionou profundamente Unamuno, e as citações frequentes que faz delas podem ser consideradas quase mais uma narrativa intermediária entre a dele mesmo e a do personagem fictício. É por isso que Unamuno, que procura sempre se comunicar diretamente com o leitor como um homem de entranhas profundas, vem nos lembrar a cada passo que ele mesmo é leitor. "Somos biblíacos", ele nos diz – homens do livro. Vivemos *nos* e *pelos* livros, sobretudo naqueles que fazemos para fazermos a nós mesmos, mas também naqueles que lemos.

Daí decorre, portanto, que U. Jugo de la Raza, o protagonista da narrativa fictícia (mas também autobiográfica), é, antes de tudo, um leitor. Leitor de um romance de "confissão autobiográfica romântica", com cujo protagonista ele se identifica a tal ponto que, ao ler um trecho em que ele diz "Quando o leitor chegar ao fim desta história dolorosa morrerá comigo", convence-se totalmente da verdade profética de suas palavras. Todo o argumento da narrativa de U. Jugo de la Raza consiste na história do que acontece com ele em seu papel de leitor, dos terrores produzidos por aquelas palavras fatídicas e, como tão bem observa Zubizarreta, da dialética permanente do ler e do não ler.[13]

Muitos anos atrás, o professor Martin Nozick arriscou a ideia de que o romance lido por Jugo de la Raza poderia ser identificado como sendo *A Pele de Onagro*, de Balzac,[14] outro livro que Unamuno cita várias vezes na presente obra. No entanto, em relação à narrativa fictícia, sem dúvida isso não é possível, porque o romance de Balzac não tem forma autobiográfica nem o protagonista diz ao leitor que morrerá com ele. No entanto, quando Unamuno nos diz que teve a ideia de se meter num romance autobiográfico "depois de ter lido o terrível *A Pele de Onagro*, de Balzac", que devorou com "angústia crescente", não é difícil imaginar que a leitura deste romance seria a experiência autobiográfica de onde brotou o romance do leitor fictício. Também não é difícil acreditar que tenha ocorrido a Unamuno o pensamento obsessivo de que, quando

---

[13] *ZUN*, p. 171-74.

[14] Martin Nozick, "Unamuno and *La Peau de Chagrin*". MLN, LXV, 1950, p. 255-56.

Valentin chegasse a sua morte misteriosamente predestinada, ele também morreria.

Porque em diversas ocasiões ele confessa que essas obsessões o perseguiam ao longo de toda a sua vida. Ou seja: ao se aproximar de determinada esquina, determinada árvore, determinado edifício, ou no fim de determinado ano,[15] era tomado de assalto pelo medo de que a descontinuidade assinalada ou sugerida por algum marco em seu caminho ou no decorrer do tempo tivesse o efeito de impor uma descontinuidade definitiva em sua própria vida. A leitura de qualquer livro poderia ter produzido o mesmo efeito, mas no caso de *A Pele de Onagro* esse efeito deve ter sido um tanto mais forte por se tratar da história de um talismã mágico que dava a quem o possuísse o poder de realizar todos os seus desejos, mas com o resultado de que cada desejo realizado reduzia o tempo que ainda restava de vida e, ao mesmo tempo, reduzia o tamanho do talismã, até ele desaparecer com a morte do protagonista.

Essa quantificação simbólica da vida de um homem corresponde exatamente à obsessão de que Unamuno padeceu durante muitos anos, e é bem provável que tenha sido ele mesmo quem teve a experiência, contada na narrativa de Jugo de la Raza, de vagar pelas margens do Sena, entre as bancas de livros usados, e deparar com um exemplar do romance de Balzac, que iria ler com angústia, obcecado pela ideia de que ele próprio morreria quando chegasse ao final daquela história dolorosa. Sem dúvida, trata-se apenas de conjecturas, por mais verossímeis que sejam, mas o importante é registrar que a leitura prévia de *A Pele de Onagro* e a lembrança da angústia que ela lhe provocou constituem uma parte importante na narrativa externa autobiográfica e, por sua função mediadora em relação

---

[15] Na obra *Poesías*, publicada em 1907, há alguns versos, escritos na noite de 31 de dezembro de 1906, em que Unamuno expressa seu medo de morrer com o ano que acaba e ao terminar o poema. O mais espantoso é que ele morreu trinta anos depois, justamente na noite de 31 de dezembro de 1936. Ver o artigo de Aurora de Albornoz, "Un Extraño Presentimiento Misterioso". *Insula*, XVI, n. 181, p. 10.

à ficção romanesca, pode-se dizer que são semelhantes a uma caixinha japonesa mais intermediária entre a realidade histórica e a ficção.

PATERNIDADE E FILIAÇÃO

Na meditação que constitui a primeira parte da "Continuação", Unamuno dá uma conclusão à história de Jugo, sem com isso lhe dar um final definitivo. Sua própria experiência de vida em território basco-francês, que representou para ele uma espécie de retorno a sua terra natal, sugere-lhe a ideia de fazer que Jugo abandone a leitura do livro fatídico e retorne também a sua terra natal – ao mesmo país basco-francês onde "iria se encontrar com sua própria meninice, com sua meninice eterna". E nessa meninice tropeçaria com o homem interior, que é o menino eterno enclausurado para sempre dentro do homem maduro. Depois dessa conclusão a sua narrativa fictícia, Unamuno prossegue com diversas reflexões sobre a misteriosa relação entre pais e filhos, repetindo o famoso verso de Wordsworth, *"the child is father of the man"* ("o menino é o pai do homem"), e evocando a única lembrança que conservava do próprio pai: a de tê-lo flagrado um dia conversando em francês com um amigo, o que lhe revelou naquele mesmo instante o mistério da linguagem e do Logos paterno. A morte de seu pai, por volta dos seis anos do menino Unamuno, deve ter sido vivenciada por ele como uma descontinuidade abismal e definitiva, que ele salvou apenas por umas poucas lembranças apagadas, entre as quais se destaca com uma clareza única a cena contada em *Como Escrever um Romance*.[16]

Foi nas terras basco-francesas de Hendaye onde Unamuno tornou a encontrar sua própria meninice eterna, de menino que descobre o pai, descobrindo assim sua própria essência de filiação. Como já a tinha descoberto antes quando se tornou pai, descobrindo que o homem interior

---

[16] Ver nota 12 da "Continuação".

de São Paulo[17] é ao mesmo tempo pai e filho, filho enclausurado no pai e pai enclausurado no filho. Porque, se Unamuno não deixa de relembrar aqui o dito de Cervantes de que cada um é filho de suas obras, é para perguntar se acaso ele também não é o pai delas – de onde se conclui que "uma pessoa, sem conceptismo, é pai e filho de si mesma, e sua obra é o espírito santo".

Vemos, portanto, que o conceito das formas enclausuradas umas nas outras se aplica também às relações intergeracionais, que constituem outro tema recorrente nas obras de Unamuno. Sem pretender analisá-lo a fundo, vamos imaginar que o tema seria para ele particularmente obsessivo porque ele mesmo era filho de uma família de gerações cruzadas, e por conta disso frequentemente se sentiria membro de duas gerações diferentes ao mesmo tempo, desdobrando-se ele próprio em pai, em relação à sua filiação, e filho, em relação à sua paternidade, com os dois contemplando-se como um homem diante de sua imagem refletida.

O ESPELHO E A SIMETRIA DA VIDA HUMANA

Eis que com estas considerações sobre a dupla perspectiva geracional chegamos a outro tema-chave da presente obra e de toda a obra unamuniana: a simetria temporal da vida humana. O tema aparece simbolizado com muita frequência na imagem do espelho, ou melhor, na dupla imagem do homem e seu reflexo. De acordo com esse conceito, o berço e o túmulo se equiparam, num além-berço e num além-túmulo, por serem igualmente símbolos de uma continuidade indeterminada fora da história, fora do mundo das formas determinadas por descontinuidades no tempo e no espaço.

Em *Névoa*, Augusto Pérez havia falado sobre o conceito de "contra-história" como a verdadeira entranha da história, e cujo movimento

---

[17] Ver notas 9 e 10 da "Continuação".

é inverso ao que ela segue. Por isso Pérez afirma que "o rio subterrâneo vai do mar até a fonte". Ou seja, o movimento para frente do tempo histórico tem dentro de si um movimento para trás, que leva o homem interior para o além-berço, ao mesmo tempo que a história leva o homem exterior para o túmulo. O conceito volta a aparecer na "Continuação" de *Como Escrever um Romance* quando Unamuno fala sobre a "experiência mística a contratempo, ou melhor, a retrotempo", como antes havia falado no "Prólogo" de "lembranças inconscientes inefáveis do além-berço".

Em tais momentos, Unamuno parece contemplar com toda a tranquilidade este conceito que chamamos de simetria da vida, mas em outras ocasiões é evidente que o Unamuno irônico reagia com horror diante desse mesmo conceito. É justamente num desses momentos que ele nos revela em *Como Escrever um Romance* qual é a relação entre o espelho e as ideias de simetria e contra-história na vida. "E eis aqui", diz-nos Unamuno, "por que não posso me olhar por um instante no espelho, porque logo meus olhos vão atrás de meus olhos, atrás de seu retrato, e então quando olho meu olhar sinto-me esvaziando-me de mim mesmo, perdendo minha história, minha lenda, meu romance, para retornar à inconsciência, ao passado, ao nada". É sintomático também que esse trecho apareça depois que Unamuno exclama: "Minha lenda! Meu romance! Quer dizer, a lenda e o romance que os outros e eu, meus amigos e meus inimigos, meu eu amigo e meu eu inimigo, fizemos conjuntamente a respeito de mim, Miguel de Unamuno, ou àquele que chamamos assim".

Nesse sentido, a imagem refletida no espelho é pura exterioridade, equivalente a esse ser para os outros (alheio ao ser para si íntimo), cujo romance, diz Unamuno, "os outros e eu, meus amigos e meus inimigos, meu eu amigo e meu eu inimigo, fizemos conjuntamente". Sendo pura exterioridade, a forma refletida tem como único "dentro" um vazio indeterminado (quer dizer, sem dentro algum, seja ele o de uma interioridade contínua, seja o da série de formas engastadas que lhe dão um ser autêntico), mas é justamente na direção desse vazio que

Unamuno se lança, numa trajetória espiritual *contra-histórica* que o atrai e aterroriza ao mesmo tempo.

Como explicar esse desejo de se lançar ao nada que está por trás da imagem refletida? Talvez seja pelo mesmo horror ao vazio que levava Unamuno a buscar a segurança ontologista, um fundo substancial do ser, para além do não ser. Mas esse puro ser, o contrário absoluto do nada, que por sua própria pureza está completamente livre de negações determinantes, não é capaz de se apresentar para a consciência como um objeto, e sim como um puro ser em si, contínuo e indeterminado como o mundo pré-natal, que não se distingue para a consciência de maneira nenhuma – e Unamuno sabe disso, graças a suas leituras de Hegel e a sua própria intuição – do puro nada.

Como reação a essa tendência contra-histórica, Unamuno insiste reinteradamente na necessidade de viver na história e pela história, chegando às vezes a afirmar a suficiência do papel histórico, da pura forma superficial que talvez não contenha um fundo de eternidade indeterminada, mas que se embebe de atualidade viva e realíssima. E, no entanto, nem por isso ele se livra da angústia do vazio que espreita em todas as descontinuidades do mundo de formas determinadas, nem de um anseio do ser substancial que é, em seu aspecto menos autêntico, uma nostalgia da existência indeterminada pré-natal – e, em seu aspecto mais autêntico, é o desejo de encontrar o homem interior historicamente determinado, pai e filho ao mesmo tempo. Pai, na medida em que é constituído pela lembrança do pai venerado e perdido na meninice do filho; e filho, por ser também a lembrança do menino que ele foi, antes de perder sua filiação, com o desaparecimento de seu pai. Essas lembranças, engastadas umas nas outras, constituem para o Unamuno de *Como Escrever um Romance* o *eso anthropos*, o homem interior de São Paulo, verdadeiro objeto de sua preocupação constante com a interioridade.

Vemos, portanto, que o conceito de interioridade, que integra todo o presente livro, é parte fundamental – ainda que às vezes apenas implícita – do pensamento unamuniano em geral. Daí termos que voltar a afirmar que *Como Escrever um Romance* é uma verdadeira peça-chave no cânone do autor, e merece ser conhecida em sua integralidade. Se os elementos de invectiva pessoal e diatribe política são, no final das contas, o que tem menor valor positivo e duradouro em toda a obra, nem por isso podem ser omitidos, porque são as negações necessárias para se definir o perfil do homem que cumpriu determinado papel histórico nos anos 1924-1927. Trata-se de um perfil particularmente valioso pela clareza com que o vemos aqui, sabendo que o homem daqueles anos está enclausurado de uma vez por todas no Unamuno que encontrou o final definitivo para o romance de sua vida no último dia do ano de 1936, dedicando seus últimos pensamentos para sua Mãe Espanha e para aquele Pai *ex quo omnis paternitas in caelis et in terra nominatur*.[18]

---

[18] Usamos aqui as palavras de São Paulo em Efésios 3,15, versículo que tem um significado muito importante nas reflexões de Unamuno sobre o mistério da paternidade. Segundo Salcedo, as últimas palavras de Unamuno foram: "Deus não pode virar as costas para a Espanha. A Espanha se salvará porque tem que se salvar" (*VDM*, p. 414).

AS EDIÇÕES DE
COMO ESCREVER UM ROMANCE

1) A primeira edição do núcleo central da obra, como já observamos, é a que aparece em tradução francesa de Jean Cassou, precedida de um "Portrait d'Unamuno", escrito pelo tradutor. Saiu no *Mercure de France* CLXXXVIII (1926), p. 5-39, sob o título *Comment on Foit un Roman*. Daqui em diante, *CFR*. O manuscrito original de Unamuno foi entregue por Cassou a Heinrich Auerbach, do Editorial Meyer U. Jessen, de Munique, que deveria traduzi-lo ao alemão para ser publicado no *Frankfurter Zeitung*. Desde então, nunca mais apareceu.

2) A primeira edição em língua espanhola é a edição argentina de 1927, publicada pelo Editorial Alba (Buenos Aires), com 159 páginas mais uma de índice. Contém: um novo prólogo escrito "em fins do mês de maio de 1927"; um "Retrato de Unamuno por Jean Cassou", tradução feita por Unamuno do "Portrait", em *CFR*; um "Comentário" ao retrato; o núcleo central da obra, também em tradução – quer dizer – em retradução – de Unamuno, mas com algumas variantes e vários comentários acrescentados ao texto (a maioria entre colchetes) no momento de retraduzi-lo; e, por fim, uma "Continuação" que consiste em uma série de comentários finais escritos entre 4 de junho e 7 de julho de 1927. O texto é bastante incorreto na pontuação e em vários outros detalhes linguísticos, talvez por ser mediado pelo texto da edição *CFR*. Daqui em diante, será chamada de *A*.

3) *Avant et Après la Révolution*. Traduzido do espanhol por Jean Cassou (Paris, Rieder, 1933). Contém: uma nova introdução de Cassou; o "Portrait" de *CFR*; uma tradução do "Comentário" de *A*; o núcleo central de *CFR*, sem as variantes menores de *A*, mas com muitos dos comentários

entre colchetes dessa edição (muitos, mas não todos: faltam treze parágrafos dos acrescentados em *A*, além de uma parte bastante extensa de outro); e, finalmente, uma "Suíte", que são as duas primeiras partes da "Continuação" de *A*, a primeira datada de 4 de junho de 1927 e a segunda – muito mais extensa mas, ao que parece, escrita num só dia – de 17 do mesmo mês. O volume contém, além dessa nova apresentação de *Como Escrever um Romance*, um "Salut aux Restes d'Angel Ganivet", tradução do escrito datado em Paris em 20 de março de 1925 e divulgado em folha avulsa durante algum tempo; e termina com uma seleção de escritos posteriores a 1931. Daqui em diante, esta versão será chamada de *Aa*.

4) A primeira edição espanhola de *Como Escrever um Romance* é a que aparece no volume IV das *Obras Completas* publicadas por Afrodisio Aguado (Madri, 1950), com apresentação de M. Sanmiguel. A obra está incluída entre as páginas 907 e 985 do volume. Trata-se de uma versão resumida, mas o espírito essencial da obra é bastante fiel. De acordo com nossos cálculos, das 3.700 linhas de *A* foram omitidas cerca de 250, pouco menos de 7%. Em alguns casos, observam-se substituições que modificam ligeiramente o significado do texto. Também é preciso observar que muitos erros e falhas na pontuação de *A* permanecem sem correção. Daqui em diante, essa edição será chamada de *B*.

5) A segunda edição espanhola é a do volume X da nova série das *Obras Completas* publicadas por Afrodisio Aguado (Madri, 1958), com "Prólogo", edição e notas de Manuel García Blanco. Aparece nas páginas 825 a 923 desse volume. Nessa edição, foram corrigidos muitos dos erros encontrados em *A* e *B* e já não se observam as alterações no texto, de modo que o fundo é uma edição melhorada em muitos aspectos. Trata-se, no entanto, de outra edição resumida, em que a omissão de cerca de 320 linhas atinge 8,5% do texto de *A*. Na maioria dos casos, correspondem às mesmas linhas omitidas em *B*, mas as duas versões não são exatamente iguais. Daqui em diante, essa edição será chamada de *C*. Esse texto está reproduzido em uma edição de *Como Escrever um Romance* junto de *San Manuel Bueno, Mártir* (Madri, Alianza Editorial, 1966).

6) Uma nova edição de *Como Escrever um Romance* aparece no volume VIII das *Obras Completas* publicadas por Escelicer sob direção de Manuel García Blanco (Madri, 1966-1970). Está incluída nas páginas 707 a 769 desse volume. Nessa edição, o texto de A foi restaurado, de modo que já não se trata de uma edição abreviada. Os erros evidentes de A foram corrigidos de acordo com critérios tanto da lógica gramatical quanto das normas do bom uso do espanhol. Em termos gerais, essa edição segue o hábito de Unamuno de escrever com *j* os fonemas que derivam do *ll* e não de um *ge* etimológico – por exemplo, *recojer* em vez de *recoger*. A explicação desse uso está numa nota no final da *Vida de Don Quijote y Sancho*, e é possível que Unamuno tenha seguido esse uso gráfico em seus próprios manuscritos como uma norma pessoal. Porém, ainda que fosse assim, não consta que o autor insistisse em que respeitassem esse uso nas versões impressas de suas obras.

7) Existe uma versão completa, com texto integral de *Como Escrever um Romance*, publicada por Ediciones Guadarrama (Madri, 1977), em edição de bolso – *a partir da qual estabelecemos a presente edição brasileira*. Utiliza o texto de A, embora aceitando muitas correções incorporadas às edições B, C e D – principalmente as referentes à pontuação e a evidentes erros tipográficos. É uma edição crítica, com uma série de notas que apontam todas as variantes apresentadas pelas edições espanholas (menos as de pontuação), levando em conta ainda algumas discrepâncias entre as edições *CFR* e A, quando elas implicam algo mais do que uma simples diferença de expressão entre o espanhol e o francês.

COMO ESCREVER UM ROMANCE

Mihi quaestio factus sum
SANTO AGOSTINHO: CONFISSÕES
(livro X, c. 33, n. 50) *

---

* Unamuno tece alguns breves comentários sobre essa citação de Santo Agostinho na segunda parte da "Continuação". É interessante notar que essas palavras vêm de um trecho que trata de um assunto que, por outros aspectos, também nos parece bastante unamuniano: o da relação entre forma e fundo na poesia. Para Santo Agostinho, nos hinos da igreja: "verum tamen cum reminiscor lacrimas meas, quas fudi ad cantus ecclesiae in primordiis recuperatae fidei meae, et nunc ipsum cum moveor non cantu, sed rebus quae cantantur (…), magnam institui huius utilitatem agnosco. (…) tamen cum mihi accidit, ut me amplius cantus quam res, quae canitur, moveat, poenaliter me peccare confiteor" ["No entanto, quando me lembro das lágrimas que derramei ao ouvir os cantos da igreja nos inícios da recuperação de minha fé, e ainda agora quando me comovo não com o canto mas com as coisas cantadas (…) reconheço a grande utilidade desta instituição (…). No entanto, quando acontece de o canto me comover mais do que aquilo que se canta, confesso com aflição que pequei"]. E ele conclui rezando: "tu autem, Dominus Deus meus, exaudi, respice et vide et miserere et sana me, in cuius oculis mihi quaestio factus sum et ipse est languor meus" ["Tu, portanto, senhor meu Deus, escuta-me, atende-me, olha para mim, compadece-te e me cura, em cuja presença me transformo em questão e em angústia próprias"].

PRÓLOGO

Ao escrever estas linhas, em fins do mês de maio de 1927, próximo dos 63 anos, e aqui, em Hendaye, na própria fronteira, em meu país basco natal, com a visão tantálica de Fuenterrabía, é com um calafrio de angústia que me lembro daquelas manhãs infernais de minha solidão em Paris, no inverno, do verão de 1925,[1] quando, em meu quartinho na pensão do número 2 da Rue La Pérouse, eu me consumia e me devorava escrevendo a narrativa que chamei de *Como Escrever um Romance*. Não me imagino voltando a passar por uma experiência íntima tão trágica. Reviveram em mim, para me torturar com a tortura deliciosa – da "deliciosa dor" de que falou Santa Teresa[2] – da produção desesperada, da produção que procura nos salvar na obra, todas as horas que me deram *Do Sentimento Trágico da Vida*. Minha vida inteira pesava sobre mim, uma vida que era e é a minha morte. Pesavam sobre mim não apenas meus sessenta anos de vida física individual, porém mais, muito mais do que eles: pesavam sobre mim séculos de uma tradição silenciosa, recolhidos no canto mais recôndito de minha alma; pesavam sobre mim lembranças inconscientes inefáveis do

---

[1] Em conformidade com todas as edições anteriores, conservamos a frase: "no inverno, do verão de 1925". Imaginamos que ela deve ser compreendida como "no inverno e no verão de 1925", mas como existem bons motivos para acreditar que Unamuno tinha interrompido seu trabalho várias vezes na época de sua criação é possível que estivesse pensando em empregar alguma frase mais elaborada. Zubizarreta nos oferece uma análise detalhada das prováveis datas de criação (ZUN, p. 21-24).

[2] Santa Teresa, *Moradas*, Sexta, 2, 4: "Porque esta dor saborosa – e não é uma dor – não está em um ser; embora às vezes dure um longo período, em outras logo se acaba (...)". E também em suas *Cuentas de Conciencia*, 54ª, 14: "Então provoca uma grande dor que faz gemer, e tão saborosa que nunca quereria que me faltasse".

além-berço.³ Porque nossa esperança desesperada de uma vida pessoal de além-túmulo se alimenta e brota dessa vaga recordação de nosso arraigamento na eternidade da história.

Que manhãs, aquelas de minha solidão parisiense! Depois de ter lido, por hábito, um capítulo do Novo Testamento, conforme a ordem do dia, ficava esperando, e não apenas esperando, mas ansiando pela correspondência de minha casa e minha pátria,[4] e, depois de recebê-la, depois do desencanto, ficava ruminando a pasmaceira de minha pobre Espanha[5] estupidificada sob a tirania mais covarde, mais vulgar e mais incivil.

Depois de escritas, de forma bastante apressada e febril, li as folhas manuscritas de *Como Escrever um Romance* primeiro para Ventura García Calderón,[6] um peruano, e depois para Jean Cassou,[7] francês – e tão espanhol quanto francês –, e as entreguei a Cassou para que ele as traduzisse para o francês, para serem publicadas em alguma revista francesa.[8] Não queria que o texto original espanhol aparecesse primeiro, por várias razões,[9] e a primeira delas era que não poderia ser na Espanha, onde os textos eram submetidos à mais degradante

---

[3] Para nossos comentários sobre o tema do além-berço, ver o "Prólogo" de Paul R. Olson incluído nesta edição – principalmente o trecho dedicado ao conceito de simetria na vida humana.

[4] C: "pátria". Falta o final do parágrafo.

[5] B: "Espanha". Falta o final do parágrafo.

[6] Ventura García Calderón (1886-1959), diplomata e homem de letras peruano. Passou a maior parte da vida na França. Na época do desterro parisiense de Unamuno, era diretor da revista *L'Amérique Latine*.

[7] Jean Cassou (1897-1986), nascido em Deusto, Bilbao, Espanha, filho de mãe espanhola, realizou importantes trabalhos como tradutor e intérprete de literatura espanhola. Romancista e ensaísta, acabou dedicando-se principalmente à crítica de arte – chegando a se tornar diretor de estudos na École Pratique des Hautes Études de Paris.

[8] Em *B*, falta a frase seguinte, e o texto continua com "E assim foi (...)".

[9] C: "razões". Falta a continuação desta frase, e o texto prossegue como em *B*.

censura militar, a uma censura ainda pior do que a de analfabetos, que odiavam a verdade e a inteligência. E assim foi: depois de traduzido por Cassou, meu livro foi publicado com o título de *Comment on Fait un Roman*, precedido de um "Retrato de Unamuno", do próprio Cassou, em 15 de maio de 1926, número 670, 37º ano, volume CLXXXVIII, da velha revista *Mercure de France*. Quando essa tradução saiu, eu já me encontrava aqui, em Hendaye, aonde havia chegado no fim de agosto de 1925,[10] e onde permaneci, diante do empenho da tirania pretoriana espanhola para que o governo da República Francesa me mantivesse afastado da fronteira, e com tal propósito o prefeito dos Baixos Pirineus veio da cidade francesa de Pau, em nome do sr. Painlevé, então presidente do Gabinete Francês — sem conseguir, naturalmente, convencer-me de que eu devia me afastar daqui.[11] Um dia ainda contarei com detalhes a farsa repugnante que a abjeta polícia espanhola armou nesta fronteira, diante de Vera, a serviço do pobre demente general Severiano Martínez Anido, até hoje ministro da Governança e vice-presidente do Conselho de Assistentes da tirania espanhola — tudo para simular uma intentona comunista — o bicho-papão — e pressionar o governo francês para que eu fosse para o interior. E ainda agora, quando estou escrevendo isto, esses pobres diabos daquela que se intitula Ditadura ainda não renunciaram ao tema do meu afastamento daqui.

Quando eu saí de Paris, Cassou estava traduzindo meu trabalho e, depois que ele traduziu e enviou ao *Mercure*, não pedi de volta meus originais, minhas primitivas fichas escritas a pena — nunca utilizo máquina de escrever —, que ficaram em seu poder. E agora, quando finalmente decido publicá-lo em minha própria língua, a única em que sei despir meu pensamento, não quero recuperar o texto original. Nem sei com que olhos voltaria a ver aquelas fichas agourentas que preenchi no quartinho da solidão

---

[10] B: "1925". Falta todo o restante deste parágrafo.

[11] Em C, falta o final deste parágrafo.

de minhas solidões de Paris. Prefiro retraduzir da tradução francesa de Cassou e é a que estou me propondo fazer agora. Mas é viável que um autor retraduza uma tradução feita de um de seus textos para outra língua? Mais do que ressurreição, trata-se de uma experiência de morte, ou talvez de remortificação. Ou de rematança.

Isso que em literatura se chama de produção é um consumo, ou mais exatamente: uma consumação. Aquele que põe por escrito seus pensamentos, seus sonhos e seus sentimentos os vai consumindo e matando. Na medida em que um pensamento nosso jaz fixado pela escrita, expresso e cristalizado, ele jaz como que morto e já não é nosso, como será um dia nosso esqueleto debaixo da terra. A história, o único vivente, é o presente eterno, o momento fugidio que só permanece passando, que só passa permanecendo, e a literatura é apenas morte. Uma morte da qual outros podem extrair vida. Porque aquele que lê um romance pode vivê-lo, revivê-lo – e quem diz um romance diz uma história –, e aquele que lê um poema, uma criatura – o poema é criatura e a poesia, criação –, pode recriá-lo. Entre eles, o próprio autor. Mas será que, ao tornar a ler uma antiga obra sua, um autor sempre torna a encontrar a eternidade daquele momento passado que faz o presente eterno? Será que nunca te ocorreu, leitor, que tu começaste a meditar diante de um retrato teu, de ti mesmo, há vinte ou trinta anos? O presente eterno é o mistério trágico, é a tragédia misteriosa de nossa vida histórica ou espiritual. Eis então por que querer refazer o já feito (que é desfeito) é uma trágica tortura. O mesmo acontece em retraduzir a si mesmo. E no entanto...

Sim, preciso fazer isso, para viver, para reviver, para segurar esse passado que é toda a minha realidade vindoura, preciso me retraduzir. E vou me retraduzir. Porém como, fazendo isso, hei de viver minha história de hoje, minha história desde o dia em que entreguei minhas folhas manuscritas a Jean Cassou, vai ser impossível manter-me fiel àquele momento que passou. Portanto, o texto que publico aqui divergirá um pouco daquele que, traduzido para o francês, saiu na edição de 15 de maio de

1926 do *Mercure de France*. As discrepâncias nem devem ser do interesse de ninguém. A não ser de algum erudito futuro.

Como no *Mercure* meu trabalho saiu precedido por uma espécie de prólogo de Cassou intitulado "Portrait d'Unamuno", vou traduzi-lo e comentá-lo rapidamente em seguida.

RETRATO DE UNAMUNO, POR JEAN CASSOU

Santo Agostinho se inquieta com[1] uma espécie de angústia frenética quando concebe o que ele poderia ter sido antes do despertar de sua consciência.[2] Mais tarde, ele se espanta com a morte de um amigo que havia sido um outro ele mesmo.[3] Não me parece que Miguel de Unamuno, que é sempre atento a todos os pontos de suas leituras, tenha chegado a citar essas duas passagens. Ele se reencontraria nelas, no entanto. Existe algo de Santo Agostinho nele, e também de Rousseau, de todos aqueles que, absortos na contemplação de seu próprio milagre, não conseguem suportar o fato de não serem eternos.

O orgulho de se restringir, de recolher toda a criação ao íntimo da própria existência, é contrariado por estes dois mistérios insondáveis e inquietantes: um nascimento e uma morte que partilhamos com outros seres vivos e pelos quais ingressamos em um destino comum. É esse drama único que a obra de Unamuno explorou em todos os sentidos e em todos os tons.

---

[1] C: "por".

[2] *Confissões*, I, VI, 9: "dic mihi, utrum alicui iam aetati meae mortuae successerit infantia mea. An illa est, quam egi intra viscera matris meae? (…) quid ante hanc etiam, dulcedo mea, Deus meus? fuine alicubi aut aliquis?" ["Dize-me, porventura, esta minha infância aconteceu em outra idade minha, já morta? Seria aquela que passei no ventre de minha mãe? E, antes disto, doçura minha e Deus meu, será que fui alguma coisa ou em algum lugar?"].

[3] *Confissões*, IV, 6: "mirabar enim ceteros mortales vivere, quia ille, quem quasi non moritur dilexeram, mortuus erat, et me magis, quia ille alter eram, vivere illo mortuo mirabar" ["Maravilhava-me que os outros mortais vivessem porque havia morrido aquele a quem haviam amado, como se nunca tivesse que morrer; e maravilhava-me ainda mais que, tendo ele morrido, eu vivesse, sendo outro ele"].

Suas vantagens e seus vícios, sua solidão imperiosa, uma avareza necessária e muito de sua terrinha – a terra basca –, a inveja, filha daquele Caim cuja sombra, segundo um poema de Machado,[4] estende-se sobre a desolação do deserto castelhano; certa paixão que alguns chamam de amor e que, para ele, é uma necessidade terrível de propagar esta carne que garante que há de ressuscitar no último dia – um consolo mais seguro do que o oferecido pela ideia da imortalidade do espírito – em uma palavra, todo um mundo absorvente e muito específico dele, com virtudes cardeais e pecados que não são inteiramente os da teologia ortodoxa... é preciso saber penetrar nisso. É essa humanidade que ele confessa, que ele não para de confessar, clamar e proclamar, achando que assim está lhe conferindo uma existência que não sofra a lei ordinária, fazendo dela uma criação da qual não só não se perderia como também manteria seu próprio conjunto permanente, forma e substância, organização divina, deificação, apoteose.

Graças a essas análises e a essa sublimação permanente de si mesmo, Miguel de Unamuno atesta sua eternidade: é eterno como qualquer coisa é eternal nele, como os filhos de seu espírito, como aquele personagem de *Névoa* que acaba atirando em seu rosto o grito terrível de: "D. Miguel, eu não quero morrer!", como Dom Quixote, mais vivo do que o pobre cadáver chamado Cervantes, como a Espanha – não a dos príncipes, mas a dele, a de Unamuno, que ele carrega consigo em seus desterros, que se torna o dia a dia, que ele transforma em língua e pensamento em cada um de seus escritos e sobre a qual ele pode finalmente dizer que é sua filha, e não sua mãe.

A Shakespeare, a Pascal, a Nietzsche, a todos os que tentaram reter com sua tragédia pessoal um pouco dessa humanidade que escorre tão vertiginosamente, Miguel de Unamuno vem acrescentar sua experiência

---

[4] Trata-se do poema "Por Terras da Espanha", de *Campos de Castilla*, cujos últimos versos dizem: "são terras para a águia, um pedaço de planeta / por onde cruza errante a sombra de Caim".

e seu esforço. Sua obra não empalidece ao lado de nomes tão nobres: significa a mesma avidez desesperada.

Ele não pode aceitar o destino de Polônio e que Hamlet, arrastando seu farrapo pelos sovacos, atire-o fora de cena: "Vamos, venha, senhor!".[5] Protesta. Seu protesto se eleva até Deus, não a essa quimera fabricada a golpes de abstrações alexandrinas por metafísicos embriagados de logomaquia, mas ao Deus espanhol, ao Cristo de olhos de vidro, de cabelos naturais, de corpo articulado, feito de terra e de pau, sangrando, vestido, no qual um saiote bordado a ouro esconde as partes íntimas, que viveu entre as coisas familiares que, como disse Santa Teresa, encontra-se até num cozido.[6]

É essa a agonia de Miguel de Unamuno, um homem em luta, em luta consigo mesmo, com seu povo e contra seu povo, homem hostil, homem de guerra civil, tribuno sem partidários, homem solitário, desterrado, selvagem, pregador no deserto, provocador, irreconciliável, inimigo do nada, a quem o nada atrai e devora, desgarrado entre a vida e a morte, morto e ressuscitado ao mesmo tempo, invencível e sempre vencido.

Unamuno não gostaria que um estudo consagrado a ele se empenhasse em analisar suas ideias. Dos dois capítulos que costumam compor este tipo de ensaio – o Homem e suas ideias – ele só consegue conceber o primeiro. A ideocracia é a ditadura mais terrível que ele procurou derrubar.[7] Num estudo sobre o homem, mais vale conceder um capítulo às suas palavras, não às suas ideias. "Os sentidos – disse Pascal antes de

---

[5] *Hamlet*, III, IV: "Indeed this counselor / Is now most still, most secret and most grave, / Who was in life a foolish prating knave. / Come, sir, to draw toward and end with you".

[6] "Então, eia!, minhas filhas, que não haja desconsolo; quando a obediência as mantiver ocupadas em coisas exteriores, entendam que, se for na cozinha, Deus está entre os ensopados, ajudando-as no interior e no exterior" (*Fundações*, 5, 8).

[7] Cabe lembrar que o título do segundo dos *Tres Ensayos* de 1900 é, justamente, "La Ideocracia".

Buffon – recebem sua dignidade das palavras, e não o contrário."[8] Unamuno não tem ideias: é ele mesmo as ideias que as dos outros se tornam nele,[9] ao acaso dos encontros, ao acaso de seus passeios por Salamanca onde encontra Cervantes e Frei Luís de León, ao acaso dessas viagens espirituais que o levam a Port Royale, a Atenas ou a Copenhague, pátria de Søren Kierkegaard, ao acaso dessa viagem real que o trouxe a Paris onde ele se misturou, inocentemente e sem se espantar nem por um momento, ao nosso carnaval.

Essa ausência de ideias, mas esse monólogo perpétuo em que todas as ideias do mundo se misturam para se tornarem problema pessoal, paixão viva, prova ardente, egoísmo patético, não deixou de surpreender

---

[8] O corolário desse pensamento: "As palavras arrumadas de outra forma produzem um efeito diferente" foi comentado em todas as edições clássicas Hachette, a grande e a pequena, por estes exemplos dados por um professor: "Esta é a diferença entre *grand homme* e *homme grand*, *gallant homme* e *homme gallant*, etc.". Mas esta tolice monstruosa não deixará Unamuno indignado, sendo ele mesmo um professor – outra contradição deste homem esmagado por antíteses –, que no entanto professa acima de tudo todo o seu ódio aos professores. (Esta nota de Cassou é uma crítica aos comentários feitos por Léon Brunschvicg – professor de filosofia no Lycée Henri IV, e redator da edição Hachette dos *Pensées* – a um trecho em que Pascal afirma, defendendo-se da acusação de falta de originalidade: "E como se os mesmos pensamentos não formassem um outro corpo de discurso, por uma disposição diferente, da mesma forma que as mesmas palavras formam outros pensamentos por sua disposição diferente" (*Pensées*, I, 23). É evidente, portanto, que as palavras que Cassou põe entre aspas não citam ao pé da letra nem Pascal nem o conde de Buffon (Georges-Louis Leclerc, 1707-1788), cujas únicas palavras que possam parecer um pouco relacionadas à ideia mencionada por Cassou são as seguintes (de seu famoso "Discours sur le Style", de 1753): "O estilo deve gravar pensamentos, eles (os escritores sem estilo) só sabem traçar palavras". Percebe-se que a fórmula de Cassou é uma expressão livre dos conceitos dos dois autores.)

[9] *D*: as ideias que os outros lhe dão se fazem nele. Não aceitamos esta correção do texto porque a versão de *A*, embora um tanto arrevesada, não carece de sentido – e além disso em *CFR* se lê: "les idées que celles des autres deviennent en lui".

os franceses, grandes amigos de conversações ou de trocas de ideias, dialética prudente, atrás da qual é conveniente que a inquietação individual se esconda cordialmente até se esquecer e se perder: grandes amigos também de entrevistas e pesquisas em que o espírito cede às sugestões de um jornalista que conhece bem seu público e sabe os problemas gerais e da atualidade aos quais é absolutamente necessário dar uma resposta, os pontos sobre os quais é oportuno criar escândalos e aqueles, pelo contrário, que exigem uma solução apaziguadora. Mas o que pode fazer aqui o solilóquio de um velho espanhol que não quer morrer?

Na trajetória de nossa espécie, existe uma permanente e desanimadora degradação de energia: toda generalização é desenvolvida ao custo de uma perda maior ou menor do sentido humano, do absoluto humano. Só se espantam com isso alguns indivíduos que, em sua terrível avidez, não querem perder nada e, mais do que isso, querem ganhar tudo. É a aflição de Pascal, que não pode compreender que alguém se distraia a esse respeito. É a aflição dos grandes espanhóis para quem as ideias e tudo o que pode constituir uma economia provisória – moral ou política – não têm qualquer interesse. A única economia que têm é a do individual e, portanto, do eterno. Nesse sentido, para Unamuno, fazer política é, ainda, salvar-se. É defender sua pessoa, afirmá-la, fazer que ela entre para sempre na história. Não é assegurar o triunfo de uma doutrina, de um partido, ampliar o território nacional ou derrubar uma ordem social. É por isso que, ao fazer política, Unamuno não consegue se entender com nenhum político. Ele decepciona a todos, e suas políticas se perdem na confusão, porque ele polemiza consigo mesmo. O rei, o ditador: de vontade ele faria deles personagens de seu teatro interior. Como ele fez com o Homem Kant ou com Dom Quixote.

Portanto, Unamuno se encontra num mal-entendido permanente com seus contemporâneos. Político para quem as fórmulas de interesse geral não representam nada; romancista e dramaturgo que ri de tudo que se conta sobre a observação da realidade e o jogo das paixões; poeta que não concebe nenhum ideal de beleza soberana – Unamuno, feroz e sem generosidade, ignora todos os sistemas, todos os princípios, tudo o que é exterior e objetivo. Seu pensamento, como o de Nietzsche, é impotente para se expressar[10] numa forma discursiva. Sem chegar a ser recolhido em aforismos e a ser forjado a golpes de martelo, é também, como o do poeta-filósofo, ocasional e sujeito[11] às mais diferentes ações. Só os acontecimentos pessoais o determinam, pois necessita de um estimulante e de uma resistência: é um pensamento essencialmente exegético. Unamuno, que não tem uma doutrina própria, escreveu apenas livros de comentários: comentários ao *Dom Quixote*, comentários ao *Cristo de Velázquez*, comentários aos discursos de Primo de Rivera. Principalmente comentários a todas essas coisas na medida em que elas afetam a integridade de Miguel de Unamuno, sua conservação, sua vida terrestre e futura.

Do mesmo modo, o Unamuno poeta é completamente poeta de circunstância – ainda que, naturalmente, no sentido mais amplo da palavra. Está sempre cantando alguma coisa. A poesia não é para ele esse ideal de si mesma, tal como[12] um Góngora poderia alimentar. Mas, tempestuoso e altaneiro como um proscrito do Risorgimento, Unamuno sente às vezes a necessidade de proclamar, sob a forma da lírica, suas lembranças da infância, sua fé, suas esperanças, as dores de seu desterro. A arte dos versos não é para ele uma oportunidade para se entregar: é antes, pelo contrário, uma oportunidade, mais elevada e tanto mais necessária, de se reafirmar e de se recolher. Nas amplas perspectivas dessa poesia oratória, dura, robusta e romântica, continua sendo ele mesmo de forma ainda mais poderosa, e é no gozo desse triunfo mais difícil que ele se impõe sobre a matéria verbal e sobre o tempo.

---

[10] B: "expressar".

[11] A, C: "como a do poeta-filósofo, ocasional e sujeita". As formas femininas (a, sujeita) revelam um trabalho de tradução muito rápido, pois conservam a concordância francesa com o gênero de *pensée*. Corrigimos o texto de acordo com B e D.

[12] C: "de si mesma como".

Nós propusemos a arte como um cânone a ser imitado, uma norma a ser atingida ou um problema a ser resolvido. E, se estabelecemos um postulado, não gostamos de que alguém se afaste dele. Poderemos, então, admitir as obras que esse homem escreve, tão eriçadas de desordem e ao mesmo tempo ilimitadas e monstruosas, que não podem ser enquadradas em nenhum gênero e nas quais se interrompe a cada momento, com intervenções pessoais e com uma insolência truculenta e familiar, o rumo da ficção – filosófica ou estética – com a qual estávamos prestes a concordar?

Dizem que Luigi Pirandello, cujo idealismo irônico costumava reprovar com frequência certos jogos unamunianos,[13] carregou por muito tempo consigo, na vida cotidiana, sua mãe maluca. Com Unamuno aconteceu uma aventura semelhante, pois ele passou toda a sua existência em companhia de um louco, e logo o mais divino de todos: Nosso Senhor Dom Quixote. Não é à toa que Unamuno não consegue se submeter a nenhum tipo de servidão. Ele rejeitou todas elas. Se esse prodigioso humanista, que pôs de pernas para cima todas as coisas cognoscíveis, tomou horror por duas ciências particulares – a pedagogia e a sociologia –, foi, sem dúvida alguma, por causa de suas pretensões de sujeitar a formação do indivíduo, e o que de mais profundo e menos redutível ele carrega consigo,[14] a uma construção

---

[13] *CFR*: Pirandello, "de l'idéalisme ironique de qui on a souvent rapproché certains jeux unamuniens (...)". De acordo com *A* e com todos os textos em espanhol, conservamos a construção com "reprovado", mas é evidente que houve certa confusão entre *reprocher* (reprovar) e *rapprocher* (aproximar-se) no sentido de "assemelhar-se". Justamente num artigo que menciona a entrevista de Unamuno com Frédéric Lefèvre, publicado em *Les Nouvelles Littéraires* (2 de agosto de 1924, n. 24), o jornalista diz a seus leitores que as teorias paradoxais de Unamuno são "ideias muito próximas das de Pirandello". Mas, pelo que Unamuno diz no ensaio "Pirandello e Eu" (1923), certos críticos italianos foram os primeiros a apontar as semelhanças entre os dois escritores.

[14] *CFR*: "de submeter a formação do indivíduo, e o que ela comporta de mais profundo e de menos redutível (...)". Não está muito claro nem o uso do pronome feminino em francês nem o do neutro em espanhol.

a priori. Se quisermos acompanhar Unamuno, será preciso eliminar pouco a pouco de nosso pensamento tudo que não for sua integridade radical, e estarmos preparados para seus súbitos caprichos, para esses escapes de linguagem pelos quais essa integridade precisa se assegurar, a cada momento, de sua flexibilidade e seu bom funcionamento. Para nós, não aceitar as regras é correr o risco de cair no ridículo. E Dom Quixote ignora justamente esse perigo. E Unamuno quer ignorá-lo. A ter que se submeter à menor servidão, ele prefere se ver reduzido a essa crosta de gargalhadas retumbantes.

Depois de afastar de Unamuno tudo aquilo que não é ele mesmo, é hora de colocá-lo no centro de sua resistência: eis que o homem aparece, formado, desenhado, em sua realidade física. Caminha ereto, levando aonde quer que vá, ou por onde quer que passeie – naquela bonita praça barroca de Salamanca, nas ruas de Paris ou nas estradas do país basco – seu monólogo inesgotável, sempre o mesmo, apesar da riqueza de suas variantes. Esbelto, vestindo o que ele chama de seu uniforme civil, com a cabeça firme sobre os ombros que nunca puderam carregar um sobretudo, nem na época de neve, ele caminha sempre para a frente, indiferente à qualidade de seus ouvintes, à maneira de seu mestre que discursava diante de pastores como se estivesse diante de duques, e dá prosseguimento ao trágico jogo verbal de quem, por outro lado, não se deixa surpreender. E afinal ele não atribui também a maior importância transcendental a esta arte das gaivotas de papel que é seu triunfo? Será que esses jogos filológicos expressarão melhor e prolongarão mais todo este conceptismo? Com Unamuno, chegamos ao fundo do niilismo espanhol. Compreendemos que este mundo depende a tal ponto do sonho que nem merece ser sonhado de maneira sistemática. E, se os filósofos correram esse risco, foi sem dúvida por excesso de candura. É que eles acabaram presos em seu próprio laço. Não viram aquela parte deles mesmos, feita de fantasia pessoal, que punham nesse esforço. Unamuno, mais lúcido, sente-se na obrigação de parar a cada momento para se contradizer e negar a si mesmo. Porque está morrendo.

Mas para que as conjunturas do mundo haveriam de ter produzido esse acidente – Miguel de Unamuno – se não foi para durar e se eternizar? Balançando entre o polo do nada e o da permanência, ele prossegue vivendo esse combate de sua existência cotidiana, no qual o menor incidente se reveste da importância mais trágica. Nenhum de seus gestos pode ser submetido a esse ordenamento objetivo e conveniente pelo qual regulamos os nossos. Os dele estão sob a dependência de um dever mais alto – estão relacionados à aflição de permanecer.

E assim nada é inútil, nada se perde nas horas em que ele se examina: até naqueles instantes mais banais, em que nos entregamos ao curso do mundo, ele emprega em ser ele mesmo. Sua angústia nunca o abandona, nem, também, aquele orgulho que transmite esplendor a tudo o que toca, nem essa cobiça que o impede de escapulir ou se deslumbrar sem se dar conta disso. Ele está sempre acordado, e, se acaso dorme, é para melhor se recolher diante do sonho da vigília e desfrutar dele. Acuado por todos os lados por ameaças e embates, sua atitude permanente é a de atrair para si todos os conflitos, todos os cuidados e todos os recursos. Porém, reduzido a esse ponto extremo da solidão e do egoísmo, é o mais rico e o mais humano de todos os homens. Pois não dá para negar que tenha reduzido todos os problemas ao mais simples e ao mais natural – e nada nos impede de nos enxergarmos nele como em um homem exemplar: encontraremos a mais viva das emoções. Desliguemo-nos do social, do temporal, dos dogmas e dos costumes de nosso formigueiro. Um homem vai desaparecer: tudo está ali. Se ele recusar, minuto a minuto, essa partida, talvez venha a nos salvar. No final das contas, é a nós que ele defende ao se defender.

Jean Cassou

COMENTÁRIO

Ah, meu querido Cassou! Com esse retrato, você puxou minha língua, e o leitor há de entender que, se eu o incluo aqui, é para comentá-lo. É o próprio Cassou quem diz que eu escrevi apenas comentários, e, embora eu não compreenda muito bem nem consiga entender em que os comentários se distinguem dos não comentários, acalmo-me pensando que talvez a *Ilíada* seja apenas um comentário a um episódio da Guerra de Troia e *A Divina Comédia* um comentário às doutrinas escatológicas da teologia católica medieval e ao mesmo tempo à agitada história florentina do século XIII e às lutas entre o Pontificado e o Império. É bem verdade que Dante sempre foi, segundo os adeptos da poesia pura – li há pouco os comentários estéticos do abade Bremond[1] –, um poeta circunstancial. Assim como os Evangelhos e as Epístolas de São Paulo são apenas escritos de circunstância.

E agora, relendo o Retrato de Cassou e mirando-me nele, com espanto, como num espelho, mas num tipo de espelho em que vemos mais o próprio espelho do que o que está espelhado nele, começo atentando-me ao fato de que, sendo atento a todos os pontos de minhas leituras,

---

[1] Henri Bremond (1865-1933) havia lido um breve discurso chamado "La Poésie Pure" numa sessão pública das cinco *Académies*, em 24 de outubro de 1925. Seus "comentários estéticos" constituem a série de "Eclairissements" que publicou depois em doze edições sucessivas de *Les Nouvelles Littéraires*, de 31-X-25 a 16-I-26, tendo sido provocados pela polêmica suscitada em torno do conceito de poesia pura. A conferência original e os "Eclairissements" aparecem também no volume *La Poésie Pure* (Paris, 1926). Mas o fato é que, respondendo a seus adversários, Bremond nega com toda a ênfase que, de acordo com suas teorias, "je renverrais à la prose le *De Natura Rerum*, *La Divine Comédie*, *Les Méditations*" (*La Poésie Pure*, p. 95), e parece muito provável que Unamuno estivesse pensando mais nos críticos de Bremond do que no próprio abade.

não tenha atentado nunca nos dois trechos de Santo Agostinho que meu retratista cita. Já faz muitos anos, cerca de quarenta, que li as *Confissões* do africano e, coisa estranha, não tornei a lê-las, e não me lembro do efeito que esses dois trechos produziram em mim naquela época, na minha mocidade. Eram tão diferentes as preocupações que me agoniavam na época, quando minha maior aflição era poder me casar o quanto antes com aquela que é hoje, e será sempre, a mãe dos meus filhos e por extensão minha mãe! Sim, gosto de me ater, de me deter – embora fosse preciso dizer alguma coisa mais íntima e vital do que gostar –, gosto de me ater não só a todos os pontos de minhas leituras, mas a cada momento que passa, a cada momento por que eu passo. Fala-se por falar sobre o livro da vida, e, para a maioria das pessoas que empregam essa frase tão prenhe de sentido como quase todas as que atingem o destaque de lugares-comuns, a expressão "livro da vida", como "livro da natureza", não quer dizer nada. É que esses coitadinhos não entenderam, se é que o conhecem, o trecho do Apocalipse, do Livro da Revelação, em que o Espírito ordena ao apóstolo que coma um livro.[2] Quando um livro é uma coisa viva, deve-se comê-lo, e aquele que o come, se por sua vez estiver vivo, se estiver efetivamente vivo, revive com essa comida. Porém, para os escritores – e o mais triste é que hoje os que escrevem costumam ser os mesmos que leem –, para os escritores, um livro é apenas um escrito, não é uma coisa sagrada, vivente, revivificadora, eternizadora, como a Bíblia, o Corão, os Discursos de Buda e nosso Livro, o da Espanha, o *Dom Quixote*. E só podem sentir o apocalíptico e revelador que é comer um livro aqueles que sentem como o Verbo se fez carne ao mesmo tempo que se fez letra – e que nós comemos, no pão da vida eternal, eucaristicamente, essa carne e essa letra.

---

[2] Apocalipse 10,9: "Et abii ad angelum dicens ei, ut daret mihi librum. Et dixit mihi: accipe librum, et devora illum: et faciet amaricari ventrem tuum, sed in ore tuo erit dulce tanquam mel" ["Fui eu, pois, ter com o anjo, dizendo-lhe que me desse o pequeno livro. E ele me disse: Toma e devora-o! Ele te será amargo nas entranhas, mas, na boca, doce como o mel"].

E a letra que comemos, que é carne, é também palavra, sem que isso signifique que ela é uma ideia, ou seja, esqueleto. Não se vive de esqueletos. Ninguém se alimenta com esqueletos. E eis aqui por que costumo me ater ao acaso de minhas leituras, de qualquer tipo de livro, e entre eles do livro da vida, da história que estou vivendo e do livro da natureza,[3] em todos os pontos vitais.

Diz o quarto Evangelho (João 8,6-9), e por isso os ideólogos agora se apressam em dizer que o trecho é apócrifo, que quando os escribas e fariseus apresentaram a Jesus a mulher adúltera, ele se curvou sobre a terra e escreveu no chão, sem caneta nem tinta, com o dedo despojado, e, enquanto o interrogavam, tornou a se curvar e a escrever depois de lhes ter dito que aquele que se sentisse sem culpa atirasse a primeira pedra na pecadora, e que eles, os acusadores, retiraram-se em silêncio. O que eles leram na terra em que o Mestre escreveu? Leram alguma coisa? Será que se detiveram naquela leitura? Quanto a mim, trato de andar pelas estradas do campo e da cidade, da natureza e da história, procurando ler, para comentar, o que o dedo invisível e despojado de Deus escreveu na poeira que é levada pelo vento das revoluções naturais e históricas. E Deus, quando escreve, curva-se sobre a terra. E o que Deus escreveu foi o nosso próprio milagre, o milagre de cada um de nós, Santo Agostinho, Rousseau, Jean Cassou, você, leitor, ou eu que agora estou escrevendo este comentário usando pena e tinta, o milagre da nossa consciência da solidão e da eternidade humanas.

A solidão! A solidão é o cerne da nossa essência, e, com o fato de nos congregarmos e andarmos em rebanhos, nós apenas a tornamos

---

[3] Aparece aqui a primeira de muitas alusões, em *Como Escrever um Romance*, à dicotomia história/natureza, que é tão fundamental no pensamento de Unamuno. Tem, naturalmente, origem hegeliana (tomando o conceito de história conforme Hegel o explica no "Prólogo" de sua *Filosofia da História*), como equivalente de "espírito", mas não se trata de uma influência puramente intelectual e abstrata, mas de uma estrutura de pensamento que corresponde ao dualismo radical de todo o espírito de Unamuno.

mais profunda. E de onde, a não ser da solidão, de nossa solidão radical, nasceu essa inveja, a de Caim, cuja sombra se estende – como bem dizia meu amigo Antonio Machado – sobre a solitária desolação do alto deserto castelhano?[4] Essa inveja, cuja borra andou remexendo a atual tirania espanhola,[5] que é apenas o fruto da inveja de Caim, principalmente da conventual e da caserneira, da monástica e da castrense, essa inveja que nasce dos rebanhos submetidos a ordenanças, essa inveja inquisitorial fez a tragédia da história de nossa Espanha. O espanhol odeia a si mesmo.

Ah, sim, existe uma humanidade dentro dessa outra triste humanidade, existe uma humanidade que eu confesso e pela qual eu chamo. E com que precisão verbal Cassou escreveu que é preciso lhe dar uma "organização divina"! Organização divina?[6] O que é preciso fazer é organizar Deus.

É verdade. O personagem Augusto Pérez de meu livro *Névoa* me pedia para não deixar que ele morresse, mas o fato é que, ao mesmo tempo que eu ouvia isso – e ouvia isso quando estava, a seu comando, escrevendo –, ouvia também os futuros leitores de minha narrativa, de meu livro, que enquanto o comiam, talvez o devorando, pediam que não os deixasse morrer. E todos nós, em nosso convívio mútuo, em nosso comércio espiritual humano, procuramos não morrer – eu não morrer em você, leitor que me lê, e você não morrer em mim, que escrevo isto para você. E o pobre Cervantes, que é alguma coisa mais do que um pobre cadáver, quando ao comando de Dom Quixote escreveu a narrativa de vida dele, procurava não morrer. E, a propósito de Cervantes, não quero deixar passar a oportunidade de dizer que, quando ele afirma que tirou a história do Cavaleiro de um livro arábico de Cide Hamete Benengeli, ele está querendo nos dizer que não foi mera ficção de sua fantasia. A ocorrência de Cide Hamete Benengeli encerra uma lição

---

[4] Em *B*, o parágrafo termina aqui.

[5] *C*: "É inveja, em cujo poço remexi, que é apenas (...)".

[6] Em *C*, o parágrafo termina aqui.

profunda que espero poder desenvolver algum dia.[7] Porque agora, ao acaso do comentário, quero falar de outra coisa.

A certa altura, Cassou comenta aquilo que eu disse e escrevi, mais de uma vez, sobre a minha Espanha, que é tanto minha filha quanto minha mãe. Mas é minha filha por ser minha mãe e minha mãe por ser minha filha. Ou seja: minha mulher. Porque a mãe de nossos filhos é nossa mãe e nossa filha. Mãe e filha! Do seio desgarrado de nossa mãe nós saímos, sem consciência, para ver,[8] à luz do sol, o sol e a terra, o azulão e a verdura, e não há consolo maior do que poder, em nosso instante derradeiro, reclinar a cabeça no regaço comovido de uma filha e morrer, com os olhos abertos, bebendo com eles, como viático, a verdura eterna da pátria!

Cassou diz que minha obra não empalidece. Obrigado. É porque ela é sempre a mesma. E porque eu a escrevo de modo que ela possa ser outra para o leitor que a ler comendo-a. O que me importa que você não leia, leitor, aquilo que eu quis colocar nela, se o que você lê se acende em vida? Acho estúpido que um autor perca tempo explicando o que ele quis dizer, pois o que importa para nós não é o que ele quis dizer, mas o que ele disse, ou melhor, o que ouvimos. Além disso, Cassou me chama de selvagem – e, se isso quer dizer homem da selva, visto a carapuça –, paradoxal e irreconciliável. Já me chamaram muitas vezes de paradoxal e a tal ponto que acabei sem saber o que aqueles que me disseram isso entendem por paradoxo. Embora paradoxo seja, como pessimismo,[9] uma das

---

[7] Ver o que diz nosso "Prólogo" sobre Cide Hamete Benengeli como modelo arquetípico do autor encerrado dentro de outro. É significativo que Unamuno tenha utilizado aqui também o verbo *encerrar*.

[8] C: "sem consciência, ver".

[9] Unamuno se refere a uma frase atribuída ao rei Afonso XIII, que aparece com frequência em seus escritos desta época, porque expressa o motivo mais provável do desterro de Unamuno nas Canárias. Assim, por exemplo, no comentário ao soneto VI do livro *De Fuerteventura a París* (Paris, 1925, p. 24), lê-se o seguinte: "É preciso isolar os pessimistas". Eis aqui uma frase de D. Afonso, digna de seu Ganso Real – um ganso que faz a

palavras que perderam todo o sentido em nossa Espanha do conformismo de boiada. Irreconciliável – eu? É assim que nascem as lendas! Mas agora deixemos isso para lá.

Depois Cassou me chama de morto e de ressuscitado ao mesmo tempo – *mort et ressucité ensemble*. Quando li esse negócio de ressuscitado, senti um calafrio de angústia. Porque se fez presente para mim aquilo que diz o quarto Evangelho (João 12,10), que os sacerdotes tramavam matar Lázaro ressuscitado, porque muitos judeus chegavam através dele a Jesus e acreditavam. Que coisa terrível ser ressuscitado e ainda mais entre aqueles que têm nome de vivos mas estão mortos, de acordo com o Livro da Revelação (Apocalipse 3,1-2). Esses pobres mortos ambulantes, falantes, gesticuladores e atuantes que se deitam sobre a poeira em que o dedo despojado de Deus escreveu e nada leem ali, e, como nada leem, não sonham. Também não leem nada na verdura dos campos. Porque... será que você já reparou alguma vez naquele abismático momento poético do mesmo quarto Evangelho (João 6,10) no qual nos contam que uma grande multidão seguia Jesus, mais além do Lago de Tiberíades, na Galileia, e que era preciso buscar pão para todos e mal tinham dinheiro, quando então Jesus disse aos apóstolos: "Fazei com que os homens se sentem!"? E o texto do Livro acrescenta: "pois havia muita grama naquele lugar". Muita grama verde, muita verdura no campo, ali onde a multidão faminta da palavra do Verbo, do Mestre, haveria de se sentar para ouvi-lo, para comer sua palavra! Muita grama! Eles não se

---

roda, como o pavão real –, Primo de Rivera. Porque, se as deste aqui são rocambolescas, as de seu rei são desprezíveis. Além do mais, não sabe o que significa pessimismo, e é como aquele médico que, receitando dieta de produtos lácteos a um doente, chamou de pessimista um colega que lhe disse que com essa dieta ele morreria mais rápido. Seu otimismo costuma ser o de uma espécie de criança precoce já com cerca de quarenta anos que lê Júlio Verne e acha que "hoje as ciências antecipam que é uma barbaridade" – texto que tanto ele quanto seu ganso real devem ter incluído em seu seleto repertório castiço.

sentaram sobre a poeira que o vento espalha, mas sobre a grama verde que a brisa balança. Havia muita grama!

Cassou diz em seguida que eu não tenho ideias, mas acho que o que ele quer dizer é que as ideias não me têm. E tece alguns comentários, sugeridos certamente por determinada conversa que tive com um jornalista francês e que foi publicada em *Les Nouvelles Litteraires*.[10] E como me pesou depois ter aceito o convite para aquela entrevista! Porque, efetivamente, o que é que eu poderia dizer a um repórter que conhece seu público e sabe quais são os problemas gerais e da atualidade – que, por serem os menos individuais, são também os menos universais e os de menor eternidade –, aos quais é preciso dar resposta, e também os pontos em que é oportuno levantar escândalos e aqueles que exigem uma solução apaziguadora? Escândalo! Mas… que escândalo? Não aquele escândalo do Evangelho, aquele de que Cristo nos fala quando nos diz que é preciso que haja o escândalo, mas ai daquele por quem ele vier!;[11] nem o escândalo satânico ou luciferino, que é um escândalo arcangélico e infernal – mas o miserável escândalo das futricas das corjas literárias, dessas mesquinhas e minguadas corjas dos homens de letras que nem sabem comer um livro – não vão além de lê-lo –, nem sabem amassar com seu sangue e sua carne um livro digno de ser comido, mas apenas escrevê-lo com tinta e pena. Cassou tem razão: o que deve fazer nessas entrevistas um homem, espanhol ou não, que não quer morrer e que sabe que o solilóquio é a forma de conversa das almas que sentem a solidão divina? E que importa a alguém o que Pedro acha a respeito de Paulo, ou a estimativa que João faz a respeito de André?

Não, não me importam os problemas que chamam de atualidades, e que na verdade não são atuais. Porque a verdadeira atualidade, a que é sempre atual, é a do presente eterno. Muitas vezes, nesses

---

[10] Rever nota 13 de "Retrato de Unamuno, por Jean Cassou".

[11] Mateus 18,7: "Vae mundo a scandalis! Necesse est enim ut veniant scandala: verum tamen vae homini illi per quem scandalum venit". Deixamos sem correção o texto traduzido.

dias trágicos para minha pobre pátria, ouço perguntar: "E o que faremos amanhã?". Não, o importante é o que vamos fazer agora. Ou melhor: o que eu vou fazer agora, o que cada um de nós vai fazer agora. O presente e o individual: o agora e o aqui.[12] No caso concreto da atual situação política de minha pátria – ou melhor do que política, apolítica, quer dizer, incivil –, quando ouço falar de política futura e de reforma da Constituição, respondo que primeiro precisamos nos desembaraçar da presente miséria, primeiro temos que acabar com a tirania e levá-la a julgamento. E o resto que espere. Quando Cristo ia ressuscitar a filha de Jairo, deparou com a mulher que sofria de hemorragia e se deteve junto a ela, pois era o que o momento pedia; a outra, a morta, podia esperar.

Cassou diz, generalizando em meu nome, que para os grandes espanhóis tudo o que possa constituir uma economia provisória – moral ou política – não tem o menor interesse, pois só tem economia o individual e, portanto, o eterno, que, para mim, fazer política é uma forma de me salvar,[13] de defender minha pessoa, afirmá-la, fazê-la entrar para sempre na história. E eu respondo: primeiro, que o provisório é o eterno, o aqui é o centro do espaço infinito, o foco da infinitude, e o agora é o centro do tempo; depois, que o individual é o universal – na lógica, os juízos individuais se assemelham aos universais – e, portanto, o eterno; e, por fim, que não existe outra política além de salvar os indivíduos na história. Nem mesmo garantir o triunfo de uma doutrina, de um partido, aumentar o território nacional ou derrubar uma ordem social de nada valem se não para salvar as almas dos homens individuais. E respondo também que posso me entender com políticos – e me entendi mais de uma vez com alguns deles –, que posso me entender com todos os políticos que sintam o valor infinito e eterno da individualidade. E ainda que

---

[12] Em *B*, falta o que vem a seguir, até a frase final: "Quando Cristo (...)".

[13] *A*, *C*: "salvar-se". Aceitamos a correção feita em *B* e *D*.

se chamem socialistas, ou talvez justamente por se chamarem assim. E, sim, é preciso entrar para sempre – *à jamais* – na história. Para sempre! O verdadeiro pai da história histórica, da história política, o profundo Tucídides – o verdadeiro mestre de Maquiavel – dizia que escrevia a história "para sempre" ἐς ἀεί.¹⁴ E escrever história para sempre é uma das maneiras, talvez a mais eficaz, de entrar para sempre na história, de fazer história para sempre. E se a história humana é, como eu venho dizendo e repetindo, o pensamento de Deus na terra dos homens, fazer história, e para sempre,¹⁵ é fazer Deus pensar, é organizar Deus, é massagear a eternidade. Outro dos maiores seguidores e continuadores de Tucídides, Leopold von Ranke,¹⁶ dizia que cada geração humana está em contato imediato com Deus. É que o reino de Deus, cujo advento os corações simples pedem diariamente – "venha a nós o teu reino!" –, esse reino que está dentro de nós, está vindo até nós a

---

¹⁴ C: "es aci". *A, B* e *D*: εἰς ἀεί. Corrigimos de acordo com as edições críticas de maior autoridade, imaginando que esta também deve ter sido a intenção de Unamuno. Ver Tucídides, *História*, I, XXII, onde o autor diz que sua história foi composta como posse para sempre, mais do que como um ensaio premiado que se ouve uma vez e em seguida cai no esquecimento. Quanto à ideia de que Tucídides é o verdadeiro mestre de Maquiavel, convém observar que o trecho de Tucídides aqui mencionado afirma a utilidade de sua história como guia para o futuro, e Maquiavel, no "Proêmio" a seus *Discorsi* sobre Tito Lívio, diz que os escreveu "a ciò che coloro che leggeranno queste mie deliberazioni possino più facilmente trarre quella utilità per la quale si debbe cercare la cognizione delle istorie".

¹⁵ C: "fazer história, e para sempre, é amassar a eternidade".

¹⁶ Leopold Von Ranke (1795-1886), pai da historiografia científica moderna, disse numa conferência proferida diante do rei Maximiliam II da Baviera: "Ich aber behaupte: jede Epoche ist unmittelbar zu Gott, und ihr Wert beruht gar nicht auf dem, was ihr hervorgeth, sondern in ihrem Existenz selbst, in ihrem eigenen Selbst" ["Mas eu afirmo: cada época está numa relação direta com Deus, e seu valor não depende do que vem dela, mas de sua própria existência, de seu próprio ser"] (In: *Über die Epochen der Neueren Geschichte*. Vorträge von Leopold Von Ranke, Leipzig, Ed. Alfred Dove, 1888, p. 5).

todo momento, e esse reino é a eterna vinda dele. E toda a história é um comentário sobre o pensamento de Deus.

Comentário? Cassou diz que não escrevi mais do que comentários. E os outros: escreveram o quê? No sentido restrito e acadêmico em que Cassou parece querer empregar esse vocábulo, não sei se meus romances e meus dramas são comentários. Meu *Paz en la Guerra*, por exemplo, em que aspecto é um comentário? Ah, sim, um comentário à história política da guerra civil carlista de 1873 a 1876. Mas acontece que fazer comentários é fazer história. Assim como contar como escrever um romance é escrevê-lo. Por acaso a vida de cada um de nós é mais do que um romance? Existe romance mais romanesco do que uma autobiografia?

Quero comentar rapidamente o que Cassou me diz sobre ser um poeta de circunstância – Deus também é – e o que ele comenta sobre minha poesia "oratória, dura, robusta e romântica". Li há pouco o que se escreveu sobre a poesia pura – pura como a água destilada, que não é potável, e destilada em alambique de laboratório, e não nas nuvens que pairam livres ao sol, no ar. E, quanto ao romantismo, acabei optando por colocar esse termo ao lado de "paradoxo" e "pessimismo", quer dizer, já não sei o que ele quer dizer, assim como também não sabem aqueles que abusam dele.

Em seguida, Cassou pergunta se é possível admitir minhas obras eriçadas de desordem, ilimitadas e monstruosas, que não podem ser enquadradas em nenhum gênero – "enquadrar", *classer* e "gênero", eis aqui o toque! – e fala sobre o momento em que o leitor está prestes a concordar – *nous mettre d'accord* – com o rumo da ficção que estou lhe apresentando. Mas... e por conta de que o leitor precisa concordar com o que o escritor está dizendo? De minha parte, quando me disponho a ler outro escritor não é para concordar com ele. Nem lhe peço semelhante coisa. Quando algum desses leitores impenetráveis, desses que não sabem comer livros nem sair de dentro de si mesmos, vem me dizer depois de ter lido algum texto meu: "Não estou de acordo! Não estou de acordo!", eu lhe respondo, disfarçando[17] o quanto posso a minha compaixão: "E o que importa, meu senhor, tanto a mim quanto a você, se não estamos de acordo?".[18] Ou seja, nem sempre estou de acordo comigo[19] mesmo e[20] costumo estar com os que não concordam comigo. O típico de uma individualidade viva, sempre presente, sempre mutante e sempre a mesma, que aspira a viver para sempre – e essa aspiração é sua essência[21] –, o típico de uma individualidade que seja individual, que é e existe, consiste justamente em se alimentar das outras individualidades e em se doar a elas como alimento. Nisso se sustenta sua existência, e resistir a isso é desistir da vida eterna. E Cassou e o leitor podem ver a que jogos dialéticos tão conceptistas – tão espanhóis – sou levado pelo processo etimológico de ex-(s)istir, con-sistir, re-sistir e de-sistir. E ainda falta in-sistir, que alguns apontam como sendo minha característica: a insistência. E com tudo isso imagino estar a as-sistir meus próximos, meus irmãos e meus coirmãos, a encontrarem a si mesmos, a entrarem para sempre na história e a escreverem seu próprio romance.

---

[17] A, B: "cevando".

[18] A, C: "conforme".

[19] A, C: "consigo".

[20] B, D: "nem". Com tantos erros evidentes em todo o trecho, é muito tentador corrigir assim a conjunção. Mas, ao coordenar esta cláusula com a anterior, só se chega ao óbvio. Com o contraste nem/e, o que se obtém é um paradoxo, mas isso é preferível justamente por ser *lectio difficilior* e por ser mais unamuniano.

[21] Aqui se faz menção às proposições spinozianas a que Unamuno se refere no início de *Do Sentimento Trágico da Vida*: "A sexta proposição da parte III de sua *Ética* diz: *unaquaeque res, quantum in se est, in suo esse perseverare conatur* – quer dizer, *cada coisa, na medida em que existe em si, esforça-se por perseverar em seu ser* (...). E na proposição seguinte, a sétima, da mesma parte, acrescenta: *conatus quo unaquaeque res in suo esse perseverare conatur, nihil est praeter ipsius rei actualem essentiam* – isto é, *o esforço com que cada coisa procura perseverar em seu ser é justamente a essência atual da própria coisa*".

Estar de acordo! Ora bolas! Existem animais herbívoros e existem plantas carnívoras. Cada um se sustenta de seus contrários.[22]

Quando Cassou menciona o traço mais íntimo, mais entranhado e mais humano do romance dramático que é a vida de Pirandello, o fato de que ele tenha mantido consigo, na vida cotidiana, sua mãe louca – e fazer o quê? colocá-la num hospício? –, eu estremeci, porque por acaso também não guardo comigo, e bem apertada contra o peito, na vida cotidiana, minha pobre mãe Espanha, que é louca também? Não, não apenas Dom Quixote, não, mas a Espanha, a Espanha louca como Dom Quixote – louca de dor,[23] louca de vergonha e, quem sabe, louca talvez de remorso.[24] Essa cruzada em que foi mergulhado rei Afonso XIII, representante da estraneidade espiritual habsburgiana,[25] não é apenas uma loucura? E nem ao menos uma loucura quixotesca.

Quanto a Dom Quixote, eu já tenho dito tanta coisa!... Já me fizeram dizer tanta coisa!... Um louco, sim, embora não o mais divino de todos. O mais divino de todos os loucos foi e continua sendo Jesus, o Cristo. Pois diz o segundo Evangelho, aquele segundo Marcos (3,21), que os seus – *hoi par'autou* –, os de sua casa e de sua família, sua mãe e seus irmãos – como diz depois o versículo 31 –, foram recolhê-lo dizendo que ele estava fora de si – *hoti exeste* –, alienado, louco. E é curioso que o termo

---

[22] O conceito da realidade como estrutura de contrários é, naturalmente, fundamental no sistema hegeliano, cuja presença no pensamento de Unamuno seria evidente, embora não seja reconhecida com tanta frequência como o é pelo próprio Unamuno. Outra fonte muito importante da ideia seriam as obras de Proudhon. A esse respeito, ver Antonio Regalado García, *El Siervo y el Señor*, Madri, 1968, p. 37, mas convém lembrar também que, no fundo, trata-se menos de uma influência direta do que – como o próprio Regalado adverte em outro trecho – "o estímulo de seu exemplo e sugestões que reforçam sua inclinação natural" (p. 40). A mesma coisa pode ser dita sobre as leituras hegelianas de Unamuno.

[23] B: "Quixote". O parágrafo termina aqui.

[24] Em C, o parágrafo termina aqui.

[25] A: "hamburguiana".

grego usado para expressar que alguém está louco seja o mesmo usado para estar fora de si, análogo ao latino *ex-sistere*, existir. É que a existência é uma loucura, e aquele que existe, aquele que está fora de si, aquele que se doa, aquele que transcende, está louco. Nem é outra coisa a santa loucura da Cruz – contra a qual existe a cordura (que é apenas tolice) de estar em si, de se resguardar, de se recolher. Cordura de que estavam repletos aqueles fariseus que reprovavam o fato de Jesus e seus discípulos arrancarem espigas de trigo para comer, depois de friccionadas entre as mãos, e de Jesus curar um coxo num sábado, sobre os quais o terceiro Evangelho (Lucas 6,11) diz que estavam tomados de demência ou de ignorância – *anoias* – e não de loucura. Eram néscios ou dementes os fariseus litúrgicos e observadores, e não loucos. Embora tenha sido como fariseu que começou o tal de Paulo de Tarso, o descobridor místico de Jesus, a quem o pretor Festo disse, levantando a voz (Atos 26,24): "Estás louco, Paulo. O excesso de saber te levaste à loucura". É verdade que ele não empregou a mesma expressão evangélica da família de Cristo, a de que ele estava fora de si, e sim a de que se descontrolava – *mainei* –, de que tinha caído em *mania*. E emprega esse mesmo vocábulo que chegou até nós. Para o pretor Festo, São Paulo era um maníaco: o excesso de saber, o excesso de leituras, tinha revirado seus miolos, secando-os ou não, como os livros de cavalaria fizeram com Dom Quixote.

E por que haveriam de ser as leituras que enlouqueceriam alguém, como fizeram com Paulo de Tarso e Dom Quixote de la Mancha? Por que alguém há de ficar louco comendo livros? Existem tantas maneiras de enlouquecer, e outras tantas de virar um idiota! Se bem que a forma mais corrente de estupidificação advém de ler livros sem comê-los, de engolir a Letra sem assimilá-la, tornando-a Espírito. Os idiotas se sustentam – sustentam-se em sua idiotia – com ossos, e não com carne de uma doutrina.[26] E são os idiotas os que dizem: "De mim, ninguém ri!",[27] que é

---

[26] Em *B*, o parágrafo termina aqui.

[27] Em *C*, o parágrafo termina aqui.

também o que costuma dizer o general Martínez Anido,[28] carrasco-mor da Espanha, que não se importa que o odeiem, desde que o temam. "De mim, ninguém ri!" – e Deus está rindo dele. E das idiotices que difunde, em nome do bolchevismo.

Preferia não dizer nada sobre os últimos retoques do retrato que Cassou fez de mim, mas não consigo resistir a dizer algumas palavras sobre o pano de fundo do niilismo espanhol. Não gosto dessa palavra. *Niilismo* soa, ou melhor, tem gosto de russo, embora um russo possa afirmar que o dele era *nichevismo*.[29] Chamou-se o russo de niilismo – mas *nihil* é uma palavra latina. O nosso, o espanhol, ficaria melhor chamado de *nadismo*, a partir de nosso vocábulo abismal: nada. *Nada* – que primeiro significa coisa nata ou nascida, alguma coisa, ou seja: tudo – acabou significando, como o francês *rien* (de *rem* = coisa) e como *personne*, a não coisa, a nonada, o nada. Da plenitude do ser, passou-se para o seu esvaziamento.[30]

---

[28] *A*: "M. Anido".

[29] *B, D*: "nischevismo". A forma sem *s* preserva melhor a raiz russa, n'ichevó.

[30] O fundo deste pensamento é o conceito apresentado no Capítulo I da *Ciência da Lógica* de Hegel, segundo o qual o puro ser e o puro nada são idênticos: "Na medida em que podemos falar aqui de intuição ou pensamento, acredita-se que haja uma diferença entre intuir ou pensar alguma coisa ou nada: de maneira que, se existe uma diferença entre a intuição ou o pensamento do ser e do nada, então o nada é – existe – em nossa intuição ou pensamento, ou melhor dizendo: o nada é este mesmo pensamento vazio, o mesmo pensamento vazio do puro ser. O nada é, por isso, a mesma determinação (ou, antes, falta de determinação) que o puro ser". Em *Recuerdos de Niñez y Mocedad*, Unamuno diz que essas ideias eram coisas que "produziam vertigem em minha alma terna e ainda sem gangorra para se sustentar naquelas alturas na maroma da metafísica". Parece evidente que faziam parte de seu próprio pensamento ao longo dos anos. A última frase desse parágrafo hegeliano lembra o ensaio "Plenitude de Plenitudes e Tudo Plenitude!", de 1904, uma pequena obra muito significativa quanto a esse aspecto do pensamento unamuniano. A etimologia do vocábulo *nada* também parece de acordo com esse conceito filosófico, pelo menos

A vida, que é tudo, e que sendo tudo se reduz a nada, é um sonho, ou talvez a sombra de um sonho, e possivelmente Cassou tenha razão quando diz que ela não merece ser sonhada de maneira sistemática. Sem dúvida! O sistema – que é a consistência – destrói a essência do sonho e, com isso, a essência da vida. E, de fato, os filósofos não enxergaram a parte de si mesmos – da fantasia que eles são – que puseram em seu esforço de sistematizar a vida, o mundo e a existência. Não existe filosofia mais profunda do que a contemplação de *como* se filosofa. A história da filosofia é a filosofia perene.

Finalmente, tenho que agradecer a meu querido Cassou – eu, o retratado, não fiz dele o autor do retrato? – por ele ter reconhecido que, no final das contas, defendendo-me estou defendendo meus leitores, e sobretudo a todos os meus leitores que se defendem de mim. Então, quando conto a eles como escrever um romance, ou seja, como estou escrevendo o romance da minha vida, a minha história, faço que eles escrevam seu próprio romance, o romance que é a vida de cada um deles. E ai daqueles que não têm um romance. Se a sua vida, leitor, não é um romance, uma ficção divina, uma fantasia da eternidade, então largue estas páginas, não continue me lendo. Não continue lendo porque me vou indigestá-lo[31] e você vai ter que me vomitar, sem proveito para você nem para mim.

E agora começo a retraduzir minha narrativa sobre como escrever um romance. E, como não é possível restituí-lo sem repensá-lo, quer dizer, sem revivê-lo, hei de me ver tentado a comentá-lo. E, como gostaria de respeitar da forma mais fácil aquilo que fui e aquele inverno de 1924 a

---

da forma como Unamuno a interpreta e a comenta várias vezes em sua obra. Ver, por exemplo, o ensaio "Res = Nada!", de 1918.

[31] *B, C, D*: "me vou indigestá-lo". Nestas edições, corrigiu-se esta construção – mas, por pouco lógica que ela pareça, é muito unamuniana. Zubizarreta também achou a inusitada construção aceitável e muito significativa. Ver *ZUN*, p. 376.

1925 em Paris, quando acrescentar algum comentário vou colocá-lo entre colchetes, assim: [ ].[32]

Com o recurso dos comentários entre colchetes e as três narrativas ligadas umas às outras que constituem o texto, ele há de parecer ao leitor alguma coisa como estas caixinhas laqueadas japonesas que guardam outra caixinha, depois outra, depois mais outra, cada uma delas burilada e ordenada da melhor forma possível pelo artista, e trazendo por último uma caixinha final... vazia.[33] Mas assim é o mundo – e a vida. Comentários sobre comentários e mais uma outra vez comentários. E o romance? Se por romance, leitor, você entende o argumento, não existe romance. Ou – o que vem a ser o mesmo – não existe argumento. Dentro da carne está o osso e dentro do osso o tutano, mas o romance humano não tem tutano, carece de argumento. Tudo são as caixinhas, as fantasias. E o que é verdadeiramente romanesco é como escrever um romance.

---

[32] Logo se verá que existem, porém, alguns comentário acrescentados sem colchetes, mas são poucos e rápidos.

[33] Ver os comentários sobre a imagem das caixinhas japonesas no "Prólogo".

COMO ESCREVER UM ROMANCE

Eis-me aqui diante das folhas em branco[1] – brancas como o negro futuro: brancura terrível! – procurando parar o tempo que passa, fixar o hoje fugidio, eternizar-me ou imortalizar-me, enfim – embora eternidade e imortalidade não sejam uma só e mesma coisa. Eis-me aqui diante destas folhas em branco, meu futuro, procurando derramar minha vida, arrancar a mim mesmo da morte de cada instante. Procuro, ao mesmo tempo, me consolar de meu desterro, do desterro de minha eternidade, deste desterro que prefiro chamar de meu des-céu.[2]

O desterro! A proscrição! Quantas experiências íntimas, até religiosas, devo aos dois! Foi ali, naquela ilha de Fuerteventura, que eu amarei eternamente e do fundo de minhas entranhas, naquele asilo de Deus, e depois aqui, em Paris, pleno e transbordante de história

---

[1] O tema da página em branco, na literatura moderna, é em geral reconhecido como um conceito de origem mallarmeana. Mallarmé fala, por exemplo, de "O fantasma branco como uma página ainda não escrita", na poesia "Mimique", e de "extrai[r] da folha tudo o que há – desenvolvendo-o – luz que dela emana – tudo o que é preciso ver no branco virgem em um piscar de olhos", em *Le Livre* (Paris, Ed. Jacques Scherer, 1957, p. 100A). Embora Unamuno possa ter encontrado isso em Mallarmé, é muito mais provável que se trate não de uma influência, mas de um caso de convergência de pensamento entre dois escritores – por outro lado tão diferentes – para quem o ato de escrever sempre tinha um significado metafísico. Sabe-se que não se trata de uma preocupação exclusiva dos simbolistas. Exemplo mais recente desse tema pode ser encontrado no seguinte trecho de *O Jogo da Amarelinha*, de Julio Cortázar: "Seu problema preliminar era sempre o ressecamento, um horror mallarmeano diante da página em branco, coincidente com a necessidade de abrir caminho a qualquer custo. Era inevitável que uma parte de sua obra fosse uma reflexão sobre o problema de escrevê-la" (Cap. 99).

[2] Trocadilho intraduzível. (N. T.)

humana, que escrevi meus sonetos, que alguém comparou (por sua origem e intenção) aos *Castigos* escritos por Victor Hugo contra a tirania de Napoleão, o Pequeno, na ilha de Guernsey.³ Mas eles não me bastam: neles, não estou presente com todo o meu Eu do desterro, parecem-me pouco demais para que eu me eternize no presente fugitivo, neste espantoso presente histórico, posto que a história é a possibilidade dos espantos.

Recebo poucas pessoas. Passo a maior parte de minhas manhãs sozinho, nesta jaula próxima à Praça dos Estados Unidos. Depois do almoço, vou até a Rotunda de Monparnasse, esquina com o Boulevard Raspail, onde temos uma pequena reunião de espanhóis, na maioria jovens estudantes, e comentamos as raras notícias que nos chegam da Espanha, da nossa e da dos outros, e recomeçamos todos os dias a repetir as mesmas coisas, erguendo, como se diz aqui, castelos na Espanha.⁴ Muita gente continua chamando a Rotunda de Rotunda de Trótski, porque era ali que o caudilho bolchevique passeava durante seu exílio em Paris.⁵

Como é horrível viver na expectativa, imaginando a cada dia o que pode acontecer no dia seguinte! E o que pode não acontecer! Passo horas inteiras, sozinho, deitado na cama solitária de meu pequeno hotel – *family*

---

³ Desterrado da França em janeiro de 1852, Victor Hugo passou a maior parte dos dezoito anos seguintes nas ilhas inglesas de Jersey e Guernsey, até sua volta a Paris em 5 de setembro de 1870. *Les Châtiments* foram publicados em novembro de 1852.

⁴ CFR: *"Bâtissant, como on dit, des châteaux en Espagne"*. Ao traduzir *"comme on dit"* por *"como se diz aqui"*, Unamuno está chamando a atenção para o fato de que traduziu ao pé da letra o modismo francês, em vez de usar o equivalente espanhol, "castelos no ar" – mas é evidente a razão por que o desterrado se permitiu traduzir assim. Na França, esse modismo é uma tradição muito antiga. Encontram-se vários exemplos em Montaigne e, segundo Littré, seus primeiros registros documentados remontam ao século XIII. Era admitido inclusive no latim medieval, pois o professor John Baldwin apresenta um exemplo nas obras de Pierre le Chanteur (séc. XII), que fala de *"quando quis cogitat vana, aedificando turres in Hyspania, et similia"*.

⁵ Toda esta frase final foi acrescentada durante a tradução do texto de *CFR*.

house – contemplando o teto do quarto, e não o céu, e sonhando com o futuro da Espanha e com o meu. Ou os desfazendo. E não me atrevo a iniciar qualquer trabalho, por não saber se conseguirei concluí-lo em paz. Como não sei se este desterro vai durar ainda três dias, três semanas, três meses ou três anos – ia acrescentar: três séculos –, não executo nada que possa durar. E, no entanto, nada dura mais do que aquilo que se está fazendo no momento e para o momento. Preciso repetir minha expressão favorita, *a eternização da momentaneidade*?[6] Meu gosto inato – e tão espanhol – para as antíteses e o conceptismo me levariam a falar da *momentanização da eternidade*. Parar a roda do tempo!

[Já faz mais de dois anos e meio que escrevi em Paris estas linhas e agora as estou revisando aqui, em Hendaye, com minha Espanha tão presente. Mais de dois anos e meio! Quando os pobres espanhóis que vêm me visitar me perguntam, referindo-se[7] à tirania, "Quanto isto vai durar?", eu lhes respondo: "O quanto vocês quiserem!". E se me dizem: "Isto ainda vai durar muito, com mil diabos!", eu pergunto: "Quanto? Cinco anos, vinte? Vamos supor que dure vinte anos; tenho 63, com mais vinte, 83; espero viver noventa; por mais que ela dure,

---

[6] De fato, são abundantes os exemplos desta expressão e de suas variantes. O primeiro deles é de um ensaio em que, falando sobre Verlaine, Unamuno o chama de "harpa eólica vibrante às brisas, auras, vendavais e ventos norte da vida, eternizando o momentâneo". Porém mais importante do que a frequência com que Unamuno repete a expressão nesses termos mais ou menos exatos é a equivalência fundamental entre esta *eternização da momentaneidade* e a expressão *tradição eterna* ou o conceito de *intra-história*. Quanto à expressão oposta, *momentanização da eternidade*, é menos antitética do que parece, pois, com essa visão da eternidade, afirma-se também que existe um fundo eterno dentro do momento, que justamente por isso já não pode ser totalmente fugidio. Do mesmo modo, ao escrever uma poesia intitulada "Sub specie momenti", parodiando Spinoza, ocorre que – como chama a atenção Blanco Aguinaga (*UC*, p. 178) – trata-se justamente de um momento que não passa: "Tudo é momento / espaço condensado", ou seja, um infinito temporal condensado num só momento.

[7] *B*: "referindo-se ao meu caso".

eu durarei mais!". E, enquanto isso, tenho a visão tantálica de minha Espanha basca, vendo o sol saindo e se pondo pelas montanhas de minha terra. Saí por aí, agora um pouco para a esquerda da Penha de Aya, as Três Coroas, e daqui do meu quarto contemplo na franja sombreira dessa montanha a cauda de cavalo, a cachoeira de Uramildea. Com que ansiedade encho a distância minha vista, com o frescor dessa torrente! Assim que puder voltar à Espanha irei, como um Tântalo liberto, chapinhar nessas águas de consolo.

E agora vejo o sol se pondo, neste início de junho, sobre o contraforte do monte Jaizquibel, por cima do forte de Guadalupe, onde esteve preso o pobre general D. Dámaso Berenguer, o das incertezas.[8] E ao pé do Jaizquibel me tenta diariamente a cidade de Fuenterrabía – oleografia na capa da Espanha – com as ruínas, cobertas de heras, do castelo do Imperador Carlos I, o filho da Louca de Castela e do Formoso de Borgonha, o primeiro Habsburgo da Espanha, através de quem nos chegou – foi a Contrarreforma – a tragédia em que ainda vivemos. Pobre Príncipe D. Juan, o ex-futuro D. Juan III, com quem se extinguiu a possibilidade de uma dinastia espanhola, castiça de verdade!

O sino de Fuenterrabía! Quando o ouço, sinto minhas entranhas revirarem. E assim como em Fuerteventura e em Paris dei para fazer sonetos, aqui, em Hendaye, dei para fazer romanças – e uma delas para o sino de Fuenterrabía, a Fuenterrabía ela mesma um sino, que diz:

> Se não hei de voltar à Espanha,
> Meu Deus da única bondade,
> se não hás de enterrar-me nela,
> seja feita tua vontade!
> Como no céu, como na terra,
> como na montanha e no mar,
> Fuenterrabía tão sonhada,

---

[8] Unamuno está se referindo à prisão do general Berenguer, quando foi processado por responsabilidade culposa depois do desastre de Annual.

ouço teu sino ressoar.
É o pranto do Jaizquibel
– sobre ele, um tornado a passar –,
entranha da profunda Espanha,
te sinto no meu palpitar.
Espelho do rio Bidasoa
que corre e se perde no mar,
levas as minhas fantasias!
para que em Deus possam repousar.
Ah, sino de Fuenterrabía,
linguagem da eternidade,
me trazes a voz redentora
de Deus, a única bondade.
Faze de mim, Senhor, teu sino,
o sino da tua verdade,
e toda a guerra deste século
dê-me na terra eternal paz![9]

E voltemos à narrativa.]

Nestas circunstâncias e em tal estado de ânimo me ocorreu, já faz alguns meses, depois de ter lido o terrível *A Pele de Onagro*, de Balzac,[10] cujo argumento eu já conhecia e que devorei com uma angústia crescente, aqui, em Paris e no desterro, escrever um romance que viria a ser uma autobiografia. Mas será que todos os romances não são autobiografias, que se eternizam e permanecem eternizando e fazendo permanecer seus autores e seus antagonistas?

Nestes dias de meados de julho de 1925 – ontem foi o 14 de julho – li as eternas cartas de amor que aquele outro proscrito chamado

---

[9] C e D: "me dê em terra eterna paz!" [a nota que aparece nestes textos é a seguinte: "Incorporado depois ao livro *Romancero del Destierro*, Buenos Aires, 1927. (N. E.)"]. A versão publicada no *Romancero* contém uma ligeira variante no último verso: "dê-me em terra eterna paz!".

[10] Sobre a importância de *A Pele de Onagro* (1. ed., Paris, 1831) para a gênese de *Como Escrever um Romance*, ver "Prólogo".

Giuseppe Mazzini escreveu a Giuditta Sidoli. Um proscrito italiano, Alcestes de Ambris, foi quem me emprestou – e ele nem sabe ao certo o serviço que me prestou com isso.[11] Em uma das cartas, de outubro de 1834, respondendo a sua Giuditta que lhe pedia que escrevesse um romance, Mazzini dizia: "É impossível escrever um romance. Você sabe muito bem que não conseguiria me separar de você e colocá-la[12] num quadro sem revelar o meu amor (...) E, a partir do momento em que coloco meu amor perto de você, o romance desaparece". Eu também coloquei minha Concha, a mãe dos meus filhos, que é o símbolo vivo de minha Espanha, de minhas fantasias e de meu futuro, porque é em meus filhos que hei de me eternizar,[13] eu também a coloquei explicitamente num de meus últimos sonetos e tacitamente em todos. E me

---

[11] Giuseppe Mazzini (1805-1872) foi uma das figuras mais destacadas do *risorgimento italiano*, cujo elevado idealismo e consequente republicanismo impressionaram muito Unamuno. Giuditta Sidoli (1804-1871), viúva de Giovanni Sidoli, continuava tão ativa na luta pela independência italiana, depois da morte do marido, como eram os dois juntos. Ela conheceu Mazzini em Marselha, em 1831, e em 1832 teve uma filha dele, mas nunca quis se casar com Mazzini para não diminuir suas possibilidades de luta política. Alcestes de Ambris (1874-1934), que emprestou a Unamuno as cartas de amor de Mazzini, foi um socialista italiano, desterrado desse 1922 por causa de sua oposição ao fascismo. A edição das *Lettere d'Amore* que Unamuno manuseava parece ser a da Editora Moderna de Gênova, publicada em 1922. Além das cartas a Giuditta Sidoli, essa edição contém algumas cartas escritas por Mazzini a sua mãe, uma das quais Unamuno cita no final do núcleo central de seu livro. De agora em diante, *ML*.

[12] *A, B, C, D*: "colocar-me". Neste caso, tomamos a liberdade de corrigir o texto com base na versão original italiana (*metterti*, escreve Mazzini) e – o que é mais importante em relação à intenção de Unamuno – com base na edição de *CFR*, onde lemos "te mettre", que sugere a probabilidade de que Unamuno tenha traduzido este trecho da carta em seu original entregue a Cassou.

[13] *A*: "porque nesses filhos". *CFR*: "Le symbole vivant de l'Espagne, de mes songes et de mon avenir, car c'est dans ces enfants à nous".

coloquei neles.¹⁴ E além do mais, repito, todos os romances não nascem vivos e autobiográficos, e não é por isso que eles se eternizam? E que ninguém se choque quando falo de nascerem vivos, porque: a) tudo nasce e morre vivo; b) tudo nasce e morre morto; c) tudo nasce vivo para morrer morto; e d) tudo nasce morto para morrer vivo.

Sim, todo romance, toda obra de ficção, todo poema, quando é vivo, é autobiográfico. Todo ser de ficção, todo personagem poético que um autor cria faz parte do próprio autor. E, se ele puser em seu poema um homem de carne e osso que conheceu, há de ser depois que ele o tiver tornado seu, uma parte de si mesmo. Os grandes historiadores são também autobiógrafos. Os tiranos que Tácito descreveu são ele mesmo. Pelo amor e pela admiração que consagrou a eles (costuma-se admirar e até amar aquilo que se abomina e se combate: ah, como Sarmiento amou o tirano Rosas!), ele se apropriou deles, fez que se tornassem ele próprio. É mentira a suposta impessoalidade ou objetividade de Flaubert. Todos os personagens poéticos de Flaubert são Flaubert e Emma Bovary¹⁵ mais do que nenhum outro. Até Mr. Homais,¹⁶ que é Flaubert – e se Flaubert zomba de Mr. Homais é para

---

¹⁴ Em *CFR*, acrescenta-se a seguinte frase, omitida na versão espanhola: "Il me serait impossible d'ecrire un roman qui ne serait autobiographique". É possível que Unamuno tenha feito uma interpretação muito literal da frase.

¹⁵ Naturalmente, é conhecidíssima a frase de Flaubert: "Madame Bovary, c'est moi". Ao que parece, ela foi proferida numa conversa particular com a jornalista Amélie Bosquet.

¹⁶ *B*: "mister Homais". Este erro de *B* é resultado de uma confusão entre a forma francesa e a forma inglesa, que é quase inevitável, na medida em que se abrevia *monsieur* escrevendo-se *Mr.*, como faziam os franceses do século XVIII, e como fazem os ingleses modernos para abreviar *Mister*. Lá pelo início do século XIX os franceses já tinham adotado a abreviatura *M.*, mas muitos escritores espanhóis – entre eles, Menéndez y Pelayo – continuavam usando a abreviatura antiga. Não há motivo para pensar que, em muitos casos em que Mr. aparece aqui junto a nomes franceses, eles não correspondam à intenção de Unamuno.

zombar de si mesmo, por compaixão, quer dizer, por amor a si mesmo. Pobre Bouvard! Pobre Pécuchet![17]

Todas as criaturas são o seu criador. E jamais Deus se sentiu mais criador,[18] mais pai, do que quando morreu em Cristo, quando nele, em seu Filho, provou a morte.

Já disse que nós, os autores, os poetas, colocamo-nos e criamo-nos em todos os personagens poéticos que criamos, até quando fazemos história, quando poetizamos e criamos pessoas que imaginamos que existem em carne e osso fora de nós. Será que Afonso XIII de Bourbon e Habsburgo-Lorena, meu amigo Primo de Rivera, meu amigo Martínez Anido, meu amigo Conde de Romanones não são outras tantas criações minhas, partes de mim, tão minhas quanto meu Augusto Pérez, meu Pachico Zabalbide, meu Alejandro Gómez e todas as outras criaturas de meus romances? Todos nós que vivemos principalmente da leitura e na leitura não conseguimos separar os personagens históricos dos poéticos ou romanescos. Dom Quixote, para nós, é tão real e efetivo quanto Cervantes, ou talvez este até mais do que aquele. Tudo para nós é livro, leitura: podemos falar do Livro da História, do Livro da Natureza, do Livro do Universo. Somos bíblicos. E podemos dizer que no princípio foi o Livro. Ou a História. Porque a História começa com o Livro, e não com a Palavra, e antes da História não havia consciência, não havia espelho,[19] não havia nada. A pré-história é a inconsciência, é o nada.

---

[17] O romance *Bouvard e Pécuchet*, publicado em 1881 como obra póstuma, ocupou Flaubert durante os últimos oito anos de vida. É uma sátira à cultura oitocentista, em que o leitor de Unamuno pode ver certa semelhança – de espírito, não de forma – com *Amor e Pedagogia*.

[18] *CFR*: "Et jamais l'on n'a senti Dieu plus créateur". É provável que Unamuno tenha corrigido aqui o texto e sua própria intenção, uma vez que "l'on n'a senti Dieu" seria em espanhol "se le ha sentido a Dios", e não se deve supor que Unamuno tenha escrito isso em seu original.

[19] *CFR*: "donc pas de miroir". Não se trata, no entanto, de uma conclusão extraída da afirmação anterior, mas de uma repetição, com uma palavra

[Diz o Gênesis que Deus criou o Homem à sua imagem e semelhança. Quer dizer, criou para si um espelho para se ver nele, para se conhecer, para se criar.]

Hoje Mazzini é para mim como Dom Quixote: nem mais nem menos. Não existe menos do que este e, portanto, não existiu menos do que ele.

Viver na história e viver a história! E uma forma de viver a história é contá-la, criá-la em livros. Um historiador assim, poeta por sua maneira de contar, de criar, de inventar um acontecimento que os homens acreditavam que havia acontecido objetivamente, fora de suas consciências, ou seja, no nada, provocou outros acontecimentos. Estava certo quem disse que vencer uma batalha é convencer aos seus e aos outros, aos amigos e aos inimigos que você a ganhou. Existe uma lenda da realidade que é a substância, a realidade íntima da própria realidade. A essência de um indivíduo e de um povo é[20] sua história,[21] e a história é o que se chama de filosofia da história, é a reflexão que cada indivíduo e cada povo fazem sobre o que lhes acontece, sobre o que acontece neles. De acontecimentos, acontecidos, constituem-se os fatos, ideias tornadas carne. No entanto, como o que estou me propondo no momento é contar como escrever um romance e não filosofar ou historiar, não devo me distrair nem mais um pouco e deixo para outra oportunidade a explicação sobre a diferença entre o acontecimento e o fato, sobre como o que acontece se torna o que se faz e permanece.

---

diferente mas equivalente. O uso de *espelho* como sinônimo de *consciência* não exclui o significado atribuído ao espelho no "Prólogo" – mas aqui a ênfase é diferente. Em todo esse trecho, volta a aparecer a dicotomia hegeliana história/natureza, mencionada na nota 3 do "Comentário".

[20] D: "em".

[21] Aqui também pode haver influência de Hegel, para quem "a essência é o haver-sido". Mas é um "haver-sido" intemporal. Ver *Ciência da Lógica*, Livro II, "Sobre a Doutrina da Essência".

Dizem que Lênin, em agosto de 1917, um pouco antes de se apoderar do poder, deixou inacabado um folheto, muito mal escrito, sobre a Revolução e o Estado, porque achou mais útil e mais oportuno experimentar a revolução do que escrever sobre ela. Mas escrever sobre a revolução não será também fazer experiências com ela? Será que Karl Marx não fez a Revolução Russa, tanto ou mais do que Lênin? Será que Rousseau não fez a Revolução Francesa tanto quanto Mirabeau, Danton e Cia.? São coisas que já foram ditas milhares de vezes, mas é preciso repeti-las outras milhares para que continuem vivendo, já que a conservação do universo é, segundo os teólogos, uma criação contínua.

["Quando Lênin resolve um grande problema" – disse Radek[22] – "não está pensando em categorias históricas abstratas, não está especulando sobre a renda da terra ou a mais-valia, nem sobre o absolutismo ou o liberalismo; ele está pensando nos homens vivos, no aldeão Ssidor de Twer, no operário das fábricas Putiloff ou no policial de rua, e procura representar para si mesmo como as decisões que serão tomadas agirão sobre o aldeão Ssidor ou sobre o operário Onufri." Isso quer dizer apenas que Lênin foi um historiador, um romancista, um poeta e não um sociólogo ou um ideólogo, um estadista e não um mero político.]

Viver na história e viver a história, fazer-me na história, na minha Espanha, e fazer minha história, minha Espanha, e com ela meu universo e minha eternidade – este foi e continua sendo a trágica aflição de meu desterro. A história é lenda, já consabemos isso – é consabido[23] –, e esta lenda e esta história me devoram – e quando ela acabar eu acabarei junto dela. Isto é uma tragédia mais terrível do que aquela daquele

---

[22] Karl Radek (1885-1939) foi membro do Comitê Central do Partido Comunista da União Soviética nos anos 1919-1924, e um ativo apologista da Revolução de Outubro.

[23] *CFR*: "nous le savons". Vê-se que Unamuno quis dar muito mais ênfase à expressão ao fazer a retradução do texto, para que o leitor perceba que não se trata apenas de um *nós* autoral, mas de um autêntico *você e eu*.

trágico Valentin de *A Pele de Onagro*. E não é apenas a minha tragédia, mas a de todos os que vivem na história, por ela e dela, a tragédia de todos os cidadãos, quer dizer, de todos os homens – animais políticos ou civis, como diria Aristóteles[24] –, a de todos nós que escrevemos, a de todos nós que lemos, a de todos os que lerem isto. E aqui explodem a universalidade, a onipessoalidade e a todopessoalidade – *omnis* não é *totus* –, não a impessoalidade desta narrativa. Que não é um exemplo de *ego-ísmo*, mas de *nos-ismo*.

Minha lenda! Meu romance! Quer dizer, a lenda e o romance que os outros e eu, meus amigos e meus inimigos, meu eu amigo e meu eu inimigo, fizemos conjuntamente a respeito de mim, Miguel de Unamuno, ou àquele que chamamos assim. Eis aqui por que não posso me olhar por um instante no espelho, porque logo meus olhos vão atrás de meus olhos, atrás de seu retrato, e então quando olho meu olhar sinto-me esvaziando-me de mim mesmo, perdendo minha história, minha lenda, meu romance, para retornar à inconsciência, ao passado, ao nada.[25] Como se o futuro também não fosse nada. E, no entanto, o futuro, é nosso tudo.

Meu romance! Minha lenda! O Unamuno de minha lenda, de meu romance, o que meu eu amigo, meu eu inimigo e os outros, meus amigos e meus inimigos, escrevemos juntos, este Unamuno me dá vida e morte, ele me cria e me destrói, ele me sustém e me afoga. Serei como creio que sou ou como ele me crê? E eis aqui como estas linhas se transformam numa confissão diante de meu eu desconhecido e incognoscível – desconhecido e incognoscível para mim mesmo. Eis aqui que escrevo a lenda em que hei de me enterrar. Mas vamos à questão de meu romance.

Eu tinha imaginado, já faz alguns meses, escrever um romance em que desejava pôr a experiência mais íntima de meu desterro, criar-me,

---

[24] *Política*, I, p. 1.253a (paginação de I. Bekker): "O homem é por natureza um animal político".

[25] Para um comentário sobre este trecho, ver "Prólogo".

eternizar-me sob os traços de desterrado e proscrito. Mas agora acho que a melhor maneira de escrever este romance é contar como se deve escrevê-lo. É o romance do romance, a criação da criação. Ou Deus de Deus. *Deus de Deo.*

Seria preciso inventar, primeiro, um personagem central que, naturalmente, seria eu mesmo. E começaria por dar um nome a esse personagem. Eu o chamaria de U. Jugo de la Raza.[26] U. é a inicial de meu sobrenome; Jugo é o nome de meu avô materno e do velho casario da Galdácano, em Biscaia, de onde vinha;[27] Larraza é o nome, também basco – como Larra, Larrea, Larrazábal, Larramendi, Larraburu, Larraga, Larreta e tantos outros[28] – de minha avó paterna. Se o grafo "la Raza" é para criar um jogo de palavras – gosto conceptista! –, ainda que Larraza signifique pasto. E Jugo não sei bem o que é, mas não o que em espanhol eu jogo.[29]

U. Jugo de la Raza se entedia de uma forma soberana – e que tédio o de um soberano! – porque agora vive apenas em si mesmo, no pobre eu por baixo da história, no homem triste que não se tornou romance. Por isso, ele gosta de romances. Gosta deles e os procura para viver em outro, para ser outro, para se eternizar em outro. Pelo menos, é o que ele acha, mas na verdade ele procura os romances a fim de se descobrir, a fim de viver em si, de ser ele mesmo. Ou melhor, a fim de escapar de seu eu desconhecido e incognoscível até para ele mesmo.[30]

[Quando, aqui, escrevi a respeito do tédio soberano, assim como das outras vezes em que escrevi sobre isso – são várias –, estava pensando em nosso pobre rei D. Afonso XIII de Bourbon e Habsburgo-

---

[26] U. Sumo da Raça. (N. T.)

[27] *CFR*: "et le nom de ma vieille maison de Galdacano, em Biscaye".

[28] Em *CFR*, falta essa lista de outros sobrenomes bascos.

[29] Em *CFR*, falta a última frase do parágrafo. Apesar do que se diz aqui, é justamente o significado de "sumo" o que Unamuno quer que se veja no sobrenome Jugo.

[30] Em *C*, falta todo o parágrafo seguinte.

Lorena, que sempre imaginei que se entediava soberanamente, que nasceu entediado – herança de séculos dinásticos! –, e que todas as suas fantasias imperiais – a última e mais terrível é a da cruzada de Marrocos – servem para preencher o vazio do tédio, da solidão trágica do trono. É como sua mania por velocidade e seu horror ao que ele chama de pessimismo. Que vida íntima, profunda, de súdito de Deus, não deve ser a desse pobre lírio de um vaso milenar!]

U. Jugo de la Raza, vagando pelas margens do Sena, ao longo do cais, entre as bancas de livros usados, depara com um romance que, mal começou a ler, antes de comprar, conquista-o intensamente, arranca-o de si, faz que entre no personagem do romance – o romance de uma confissão autobiográfica romântica –, identifica-o com aquele outro, dá a ele uma história, afinal. O mundo grosseiro da realidade do século desaparece aos seus olhos. Quando, erguendo-os por um instante das páginas do livro, fixa-os nas águas do Sena, tem a impressão de que aquelas águas não correm, que são como um espelho imóvel, e logo afasta delas seus olhos horrorizados e retorna às páginas do livro, do romance, para encontrar-se nelas, para nelas viver. E eis então que depara com um trecho, trecho eterno, em que lê estas palavras proféticas: "Quando o leitor chegar ao fim desta história dolorosa, morrerá comigo".

Na hora, Jugo de la Raza sentiu que as letras do livro se apagavam diante de seus olhos, como se se aniquilassem nas águas do Sena, como se ele mesmo se aniquilasse: sentiu um ardor na nuca e um frio por todo o corpo, suas pernas tremeram e lhe veio ao espírito o fantasma de uma angina de peito que o havia obcecado anos atrás. O livro tremeu em suas mãos, ele precisou se apoiar no pilar do cais e no final das contas, largando o livro no lugar onde o havia apanhado, foi-se afastando, ao longo do rio, na direção de casa. Havia sentido na testa o sopro das aletas do Anjo da Morte. Chegou em casa, em sua casa de passagem, deitou-se na cama, desfaleceu, achou que estava morrendo e sentiu a angústia mais profunda.

"Não, não tocarei mais naquele livro, não o lerei, não o comprarei para concluí-lo" – dizia a si mesmo. "Seria a minha morte. É uma tolice, eu sei disso. Foi um capricho macabro do autor, quando ele enfiou ali aquelas palavras, mas elas estiveram prestes a me matar. É algo mais forte do que eu. E quando, voltando para cá, atravessei a Ponte da Alma[31] – a ponte da alma! –, tive vontade de me atirar no Sena, no espelho. Tive que me agarrar ao parapeito. E então me lembrei de outras tentações parecidas, agora já antigas, e daquela fantasia do suicida de nascimento que imaginei que viveu cerca de oitenta anos,[32] sempre querendo se suicidar e matando-se em pensamento dia a dia. Isso lá é vida? Não, não vou ler mais aquele livro... e nenhum outro. Não vou passear pelas margens do Sena, onde se vendem livros."[33]

Mas o pobre Jugo de la Raza não conseguia viver sem o livro, sem aquele livro: sua vida, sua existência interior, sua realidade, sua verdadeira realidade, já estava ligada de forma definitiva e irrevogável à vida do personagem do romance. Se continuasse a lê-lo, a vivê-lo, correria o risco de morrer quando o personagem do romance morresse, mas se não o lesse mais, se não vivesse mais aquele livro, será que viveria? Então, depois disso, voltou a passear pelas margens do Sena, passou mais uma vez diante da mesma banca de livros, lançou um olhar de imenso amor e de horror imenso para o volume, depois contemplou as águas do Sena e... venceu. Ou terá sido vencido? Passou sem abrir o livro e dizendo a si mesmo: "Como será que aquela história continua? Como será que acaba?". Mas estava convencido de que um dia não saberia resistir e seria

---

[31] *Le Pont de l'Alma* lembra uma vitória de Napoleão III, na guerra da Crimeia, perto do Rio Alma.

[32] *CFR*: "et cette fantaisie du suicidé de naissance que j'avais imaginé vivant près de soixante ans". A mudança revela que, ao fazer a retradução, Unamuno devia estar se sentindo muito mais otimista em relação à sua própria saúde.

[33] *A*: "onde se vende livros". Esse e vários outros erros semelhantes em *A* podem ser fruto de uma tradução apressada de *CFR* ("où l'on vend les livres"), e por isso serão exemplos da mediação de *A* por *CFR*.

imprescindível pegar o livro e continuar a leitura, ainda que tivesse que morrer quando terminasse.

É assim que se desenvolve o romance de meu Jugo de la Raza, meu romance de Jugo de la Raza. E enquanto isso eu, Miguel de Unamuno, mal começava a escrever, ia sentindo o medo de ser devorado pelos meus atos. De tempos em tempos, escrevia cartas políticas contra D. Afonso XIII[34] e contra os tiranetes pretorianos[35] de minha pobre pátria, mas essas cartas que faziam história em minha Espanha me devoravam. E lá, na minha Espanha, meus amigos e meus inimigos diziam que não sou um político, que não tenho temperamento para isso, e menos ainda para revolucionário, que eu deveria me dedicar a escrever poemas e romances, e deixar de políticas. Como se fazer política fosse uma coisa diferente de escrever poemas e como se escrever poemas não fosse uma outra forma de fazer política!

Mas o mais terrível é que eu não escrevia grande coisa, que estava afundando numa angustiante inércia de expectativa, pensando naquilo que faria, diria ou escreveria caso acontecesse isto ou aquilo, sonhando o futuro – o que equivale, como costumo dizer, a desfazê-lo. E ia lendo os livros que me caíam nas mãos ao acaso, sem plano nem acordo, para satisfazer este vício terrível da leitura, o vício impune de que Valéry Larbaud[36] falava. Impune. Vamos e venhamos! E que castigo delicioso! O vício da leitura leva ao castigo da morte permanente.

A maior parte de meus projetos – e entre eles o de escrever isto que estou escrevendo sobre a maneira de se escrever um romance – ficava em suspenso. Eu tinha publicado meus sonetos aqui, em Paris, e tinha publicado na Espanha meu livro *Teresa*, escrito antes que o infame

---

[34] C: "D. Afonso XIII". Faltam as nove palavras seguintes.

[35] B: "contra D. Afonso XIII e contra seus sequazes".

[36] Valéry Larbaud (1881-1957) foi um escritor francês, muito atuante como tradutor e crítico de autores ingleses e espanhóis. A frase mencionada aqui aparece no título de um de seus livros de crítica: *Ce Vice Impuni, la Lecture...* (Paris, 1925).

golpe de Estado[37] de 13 de setembro de 1923 explodisse, antes de começar minha história do desterro, a história de meu desterro. E aqui eu precisava viver no outro sentido, precisava ganhar a vida escrevendo! E mesmo assim... *Crítica*, o bravo diário de Buenos Aires, tinha me pedido uma colaboração bem remunerada. Não tenho dinheiro sobrando, principalmente vivendo longe da família, mas não conseguia mover a pena no papel. Tinha (e continuo tendo) em suspenso minha colaboração para *Caras e Caretas*, semanário de Buenos Aires.[38] Na Espanha, não queria nem quero escrever em nenhum jornal ou revista[39] – recuso-me à humilhação da censura militar. Não consigo suportar que meus escritos sejam censurados por soldadinhos analfabetos que se sentem violentados e degradados com a disciplina castrense, e que odeiam acima de tudo a inteligência.[40] Sei que, depois de terem deixado passar algumas opiniões realmente duras e até criminosas do ponto de vista deles, iriam riscar uma palavra inocente, uma ninharia para fazer que eu sentisse seu poder. Censura de um ordenança? Isso nunca![41]

[Depois que vim de Paris para Hendaye, tive novas notícias sobre a ignorância incurável da censura a serviço da insondável tolice de Primo de Rivera e do terrível medo da verdade do desgraçado demente Martínez Anido. Esse assunto da censura renderia um livro que daria um grande regozijo, se não trouxesse um desânimo angustiante. O que eles mais temem é, acima de tudo, a ironia, o sorriso irônico, que eles acham desdenhoso. "Ninguém ri de nós" – eles dizem.[42] Vou contar um caso. Deu-se que em certo regimento servia um rapaz esperto e sagaz, discreto e irônico, de profissão civil e liberal, desses que chamamos

---

[37] *B*: "o golpe de Estado tinha eclodido".

[38] Em *CFR*, acrescenta-se: "Je tardais à répondre aux amis et à ma famille".

[39] *C*: "revistas". O parágrafo termina aqui.

[40] Em *B*, o parágrafo termina aqui.

[41] *CFR*: "Non". Em *B*, falta todo o parágrafo seguinte.

[42] Em *C*, o parágrafo começa aqui.

de "meio período". O capitão da companhia sentia medo e desprezo por ele, procurando não se manifestar na frente dele, mas uma vez viu-se levado a soltar uma dessas arengas patrióticas de ordenança diante dele e dos outros soldados. O pobre capitão não conseguia tirar os olhos dos olhos e da boca do esperto rapaz, espiando sua expressão, e isso fazia que não se acertasse com os lugares-comuns de sua arenga, até que por fim, aturdido e atordoado, já meio fora de si, dirigiu-se ao soldado e lhe disse: "O quê? Você está rindo?", e o rapaz: "Não, meu capitão, não estou rindo", e então o outro: "Está sim! Por dentro!".[43] E em nossa Espanha todos os pobres cainitas, vigias de quadrilheiros ou de compadres do Santo Ofício da Inquisição, almas uniformizadas, quando cruzam com um desses a quem chamam ironicamente de intelectuais, imaginam ler em seus olhos e em sua boca um sorriso contido de desdém, acham que o outro está rindo deles por dentro. E esta é a pior das tragédias. E foi esta escória que a tirania atiçou.

Aqui também, na fronteira, pude me inteirar da perversão radical da polícia e do que é essa instituição de ajudantes de carrascos. Mas não quero esquentar ainda mais o sangue escrevendo sobre isso, e retorno à velha narrativa.]

Retornemos, portanto, ao romance[44] de Jugo de la Raza, ao romance de sua leitura do romance. O que iria acontecer é que um dia o pobre Jugo de la Raza não conseguiu mais resistir, vencido pela história, quer dizer, pela vida, ou melhor, pela morte. Quando passou junto à banca de livros, nos cais do Sena, comprou o livro, enfiou-o no bolso e começou a correr, ao longo do rio, na direção de casa, carregando o livro como se carrega uma coisa roubada, com medo de que alguém a roubasse de novo. Ia tão depressa que a respiração se interrompia, faltava-lhe fôlego e ele via reaparecer o velho e já quase extinto fantasma da angina de peito. Teve que parar e então, olhando para todos os lados, para os que passavam e

---

[43] Em C, o parágrafo termina aqui.

[44] Em B e D: "Voltemos ao romance".

olhando principalmente para as águas do Sena, o espelho fluido, abriu o livro e leu algumas linhas. Mas logo tornou a fechá-lo. Estava tornando a enfrentar aquilo que, anos antes, tinha chamado de dispneia cerebral, talvez a doença X de Mackenzie,[45] e até achou que estava sentindo um formigamento fatídico ao longo do braço esquerdo e entre os dedos da mão. Em outros momentos dizia a si mesmo: "Quando chegar àquela árvore, cairei morto",[46] e, depois que a tinha ultrapassado, uma vozinha, do fundo do coração, dizia: "Talvez estejas realmente morto…". E assim chegou em casa.

Chegou em casa, comeu procurando prolongar a refeição – prolongá-la com pressa –, subiu até seu quarto, despiu-se[47] e deitou-se como se fosse dormir, como se fosse morrer. Seu coração batia forte. Estendido na cama, recitou primeiro um padre-nosso e depois uma ave-maria, fazendo uma pausa em "seja feita a vossa vontade assim na terra como no céu" e em "Santa Maria, mãe de Deus, rogai por nós, pecadores, agora e na hora de nossa morte". Repetiu isso três vezes, benzeu-se e esperou, antes de abrir o livro, que o coração se acalmasse. Sentia que o tempo o devorava, que o futuro daquela ficção romanesca o engolia. O futuro daquela criatura de ficção com quem havia se identificado – sentia-se afundando em si mesmo.

Um pouco mais calmo, abriu o livro e retomou a leitura. Esqueceu-se completamente de si mesmo e aí sim pôde dizer que havia morrido. Sonhava o outro, ou melhor, o outro era um sonho que era sonhado nele, uma criatura de sua solidão infinita. No final, acordou com uma terrível

---

[45] Sir James Mackenzie (1853-1925) foi um médico escocês, especialista em doenças cardíacas e autor de diversos livros sobre o assunto. De acordo com Salcedo, Unamuno tinha traduzido um deles para seu amigo, o doutor Agustín Cañizo, chegando assim a conhecer o que Mackenzie diz a respeito do *signo X*.

[46] CFR: "tomberai-je mort?". Sobre o significado psicológico, ver a "Introdução" deste livro.

[47] CFR: "se déshabilla, fit sa toilette".

pontada no coração. O personagem do livro tinha acabado de tornar a dizer: "Devo repetir ao seu leitor que ele morrerá comigo". E desta vez, de fato, foi espantoso. O trágico leitor perdeu a consciência em seu leito de agonia espiritual – deixou de sonhar o outro e deixou de sonhar a si mesmo. E, quando voltou a si, arremessou o livro, apagou a luz e, depois de se benzer novamente, procurou dormir, e deixar de sonhar. Impossível! De tempos em tempos, tinha que se levantar para beber água. Ocorreu-lhe que estava bebendo a água do Sena, o espelho. "Será que estou louco?", dizia a si mesmo,[48] "Claro que não: quando alguém se pergunta se está louco é porque não está. E, no entanto...". Levantou-se, acendeu a lareira e queimou o livro, voltando a se deitar em seguida. E conseguiu finalmente dormir.

O trecho que havia pensado para meu romance, no caso de eu tê-lo escrito, e em que mostraria o herói queimando o livro, lembra uma coisa que acabo de ler na carta que Mazzini, o grande sonhador, escreveu de Grenchen a sua Giuditta em 1º de maio de 1835: "Embaixo de meu coração encontro cinzas e um lar apagado. O vulcão completou seu incêndio e dele só restam o calor e a lava que se agitam na superfície, e quando tudo estiver gelado e as coisas tenham se cumprido, não restará mais nada – uma lembrança indefinida como que se alguma coisa que poderia ter sido e não foi, a lembrança dos meios que deveriam ter sido utilizados para a felicidade[49] e que ficaram perdidos na inércia dos desejos titânicos rechaçados desde o íntimo,[50] sem que nem ao menos pudessem se derramar para fora, que minaram a alma de esperanças, de ansiedades, de votos sem fruto... e, depois, nada". Mazzini era um desterrado, um desterrado da eternidade. [Como Dante havia sido, antes

---

[48] C: "se repetia". Em C e D, aqui começa um novo parágrafo.

[49] CFR: "Le souvenir des moyens que l'on aurait pu employer pour le bonheur". ML: "una memoria di mezzi per avere la felicità".

[50] ML: "respinti all'indietro". Mais exata do que a tradução "rechaçados desde o íntimo" teria sido "rechaçados para trás".

dele, Dante, o grande proscrito (e o grande desdenhoso;[51] proscritos e desdenhosos foram também Moisés e São Paulo) e, depois dele, Victor Hugo. E todos eles, Moisés, São Paulo, Dante, Mazzini, Victor Hugo e tantos outros aprenderam na proscrição de sua pátria, ou procurando-a pelo deserto, o que é o deserto da eternidade. E foi a partir do desterro de sua Florença que Dante pôde ver como a Itália estava cativa e era hospedaria da dor.

Ai, cativa Italia ni dollore ostello.[52]]

Quanto à ideia de fazer meu leitor do romance, meu Jugo de la Raza, dizer: "Será que estou louco?", devo confessar que a grande confiança que eu possa ter em meu juízo sadio me foi dada nos momentos em que, observando o que os outros fazem e o que não fazem, ouvindo o que eles dizem e o que eles calam, surgiu-me essa fugidia suspeita de que talvez eu estivesse louco.

Diz-se que estar louco é ter perdido a razão. A razão, mas não a verdade, porque existem loucos que dizem as verdades que os outros calam, porque dizê-las não é racional nem razoável, e por isso dizem que estão loucos. E o que é a razão? A razão é aquilo em que todos estamos de acordo – todos ou, pelo menos, a maioria. A verdade é outra coisa, a

---

[51] No ensaio "Algo sobre a Desdenhosidade", de 1917, Unamuno relembra as palavras com que Virgilio louva o desdém que Dante havia demonstrado pelo iracundo Filippo Argenti: "Alma sdegnosa, / Benedetta colei che in te s'incinse" ("Inferno", VIII, 44-45). E Unamuno acrescenta: "E certamente, se existiu um mestre do desdém, e mesmo do sarcasmo, foi Dante".

[52] "Purgatório", VI, 76. A exclamação foi provocada pelo amistoso encontro entre Virgílio e Sordello (outra alma "altera e sdegnosa"), tão inusitado na Itália do século XIV: "Ed ora in te non stanno senza guerra / Li vivi tuoi, e l'un l'altro si rode / Di quei che un muro ed una fossa serra". Ibidem, VI, 82-84. Como se vê, naquela época também se vivia sob a sombra de Caim.

razão é social. A verdade, em geral, é completamente individual, pessoal e incomunicável. A razão nos une e as verdades nos separam.[53]

[Mas agora eu me dou conta de que talvez seja a verdade o que nos une e as razões, aquilo que nos separa.[54] E que toda essa turba da filosofia sobre a razão, a verdade e a loucura obedeçam a um estado de espírito do qual, em momentos de maior serenidade espiritual, costumo me curar. E aqui, na fronteira, tendo à vista as montanhas de minha terra natal, embora minha briga tenha exacerbado, no fundo meu espírito serenou. E em nenhum momento me ocorre que eu esteja louco. Porque se me atiro, talvez com risco de morte, contra moinhos de vento como se eles fossem gigantes, estou consciente de que são moinhos de vento. Mas, como os outros, os que se consideram lúcidos, acham que são gigantes, é preciso desenganá-los quanto a isso.]

Às vezes, nos momentos em que acho que sou uma criatura de ficção e escrevo meu romance, em que represento a mim mesmo, diante de mim mesmo, já me ocorreu sonhar que ou quase todos os outros (sobretudo em minha Espanha) estão loucos, ou então sou eu que estou, e, como todos os outros não podem estar, sou eu que estou. E, ouvindo as opiniões que emitem sobre meus ditos, meus escritos e meus atos, fico pensando: "Será que eu pronuncio outras palavras que as que me ouço

---

[53] O conceito da razão como uma força social e unificadora talvez tenha sua origem em Heráclito. No segundo fragmento de sua filosofia, tal como aparece na coletânea de Hermann Diels (*Die Fragmente der Vorsokratiker*. Belim, 1903-1954), está dito que o *logos* ou *xynos* (razão ou lei universal) é comum a todos, mas a maioria dos homens vive de acordo com suas ideias particulares.

[54] Ao contradizer, neste comentário interpolado, o que havia dito dois anos antes sobre a razão e a verdade, Unamuno volta a uma atitude tipicamente sua, segundo a qual a verdade pertence ao domínio da continuidade interior e substancial e a razão se identifica com a descontinuidade exterior e formal. Em seu *Diário Íntimo*, por exemplo, lê-se: "Muitas vezes escrevi sobre a diferença entre a razão e a verdade sem entender isso direito. Aqui embaixo, na disputa a que Deus nos deixou entregues, conseguimos ter razão, mas verdade é a concórdia e a paz" (OC, VIII, 1966, p. 779).

pronunciando, ou eles me ouvem pronunciando palavras diferentes das que pronuncio?".⁵⁵ E então não posso deixar de me lembrar da figura de Dom Quixote.⁵⁶

[Depois disso aconteceu de eu encontrar aqui, em Hendaye, um pobre-diabo que se aproximou de mim para me cumprimentar, dizendo que na Espanha eu era tido como louco. Depois soube que era policial, ele mesmo o confessou, e que estava bêbado. O que não é exatamente o mesmo que estar louco.⁵⁷ Porque Primo de Rivera não fica louco quando está bêbado, que é o tempo todo, mas sua *tolicite* se exacerba, quer dizer, a inflamação – coteje-se com *apendicite, faringite, laringite, otite, enterite, flebite,* etc. – de sua tolice congenital e constituinte. Seu pronunciamento também não teve nada de quixotesco, nada de loucura sagrada. Foi uma especulação casmurra acompanhada de um manifesto vulgar.]

---

⁵⁵ Os protagonistas de *Amor e Pedagogia* e *Névoa* também duvidam se não estariam se comportando de um modo muito diferente daquele como acreditam se comportar. Ao Apolodoro do primeiro romance, "ocorre algumas vezes se não estaria fazendo ou dizendo alguma coisa muito diferente do que acha que faz ou diz e é por isto que os outros o tomam por louco". E Augusto Pérez se pergunta: "Será que, enquanto eu acho que caminho formalmente pela rua, como as pessoas normais – e o que é uma pessoa normal? –, elas vão fazendo gestos, contorcionismos e pantomimas?". Data de 1904 a narrativa ensaística "Intelectualidade e Espiritualidade", em que se encontra um trecho muito semelhante (e interessante também como exemplo do conceito de formas interligadas mencionado anteriormente): "Tinha escrito aquilo? Era ele mesmo quem escrevia? Não haveria nele mais de um sujeito? Será que não carregaria em si uma legião de almas adormecidas, umas sob as outras...? De fato, ocorria-lhe com bastante frequência pensar isso, enquanto caminhava tranquilo pela rua.'E se, enquanto eu acho que estou andando tranquilo e formal, estivesse na verdade dando piruetas, ou fazendo ridículos contorcionismos, ou cometendo atos vergonhosos?'".

⁵⁶ Em *B*, falta todo o parágrafo seguinte.

⁵⁷ Em *C*, o parágrafo termina aqui.

Devo repetir aqui uma coisa que acho que já disse a propósito de nosso senhor Dom Quixote: perguntar qual teria sido seu castigo se, em vez de morrer, recuperasse a razão, a de todo mundo, perdendo assim sua verdade, a sua, se em vez de morrer, como era preciso, tivesse ainda vivido mais alguns anos. Teria sido que todos os loucos que havia na época na Espanha – e devia haver muitos, porque tinham acabado de trazer do Peru a doença terrível – iriam até ele, pedindo sua ajuda, e ao ver que ele se recusava a ajudar, eles o teriam constrangido com ultrajes, chamando-o de farsante, traidor e renegado. Porque existe uma turba de loucos que sofrem de mania de perseguição, e esses loucos começam a perseguir Dom Quixote quando ele não se dispõe a perseguir seus supostos perseguidores. Mas o que é que eu devo ter feito, meu Dom Quixote, para chegar a ser assim o ímã dos loucos que se imaginam perseguidos? Por que eles me procuram? Por que me cobrem de elogios, se no final hão de me cobrir de injúrias?

[A esse mesmo meu Dom Quixote ocorreu que, depois de ter libertado os galeotes das mãos dos quadrilheiros da Santa Irmandade que os levavam presos, foi apedrejado por eles. E, embora eu saiba que talvez um dia os galeotes hão de me apedrejar, nem por isso cedo em meu empenho de lutar contra o poderio dos quadrilheiros da atual Santa Irmandade de minha Espanha.[58] Não posso tolerar, e talvez considerem loucura, que os carrascos se erijam em juízes e que o fim da autoridade, que é a justiça, seja afogado naquilo que chamam de princípio da autoridade, e que é o princípio do poder, ou seja, o que eles chamam de ordem. Também não posso tolerar que uma burguesia aflita e minguada, por medo pânico – irrefletido – do incêndio comunista – pesadelo dos loucos de medo –, entregue sua casa e sua fazenda aos bombeiros que a destroem ainda mais do que o próprio incêndio.[59] Quando não acontece o que está acontecendo agora na Espanha, em que são os bombeiros que provocam os incêndios

---

[58] *B*: "meu empenho de libertá-los".

[59] Em *B* e *C*, o parágrafo termina aqui.

para viverem de apagá-los. Pois é sabido que, se os assassinatos nas ruas praticamente pararam – os que ocorrem são abafados – a partir da tirania pretoriana e policial, é porque os assassinos estão a soldo do ministério da Governança, ou empregados nele. É assim o regime policial.]

Vamos voltar mais uma vez ao romance de Jugo de la Raza, ao romance de sua leitura do romance, o romance do leitor [do leitor-ator, do leitor para quem ler é viver aquilo que lê]. Quando ele acordou na manhã seguinte, em seu leito de agonia espiritual, sentiu-se acalmado, levantou-se e contemplou por um momento as cinzas do livro fatídico de sua vida. E aquelas cinzas lhe pareceram, como as águas do Sena, um novo espelho. Seu tormento se renovou: como é que acabaria a história? E voltou aos cais do Sena em busca de outro exemplar, sabendo que não o encontraria, e por que[60] não o iria encontrar. E sofreu por não poder encontrá-lo. Sofreu a morte. Resolveu fazer uma viagem por estes mundos de Deus: talvez Ele o tivesse esquecido e lhe deixasse Sua história. E na mesma hora foi até o Louvre contemplar a Vênus de Milo, a fim de se livrar daquela obsessão, mas a Vênus de Milo lhe pareceu, como o Sena e as cinzas do livro que tinha queimado, outro espelho. Resolveu partir, ir contemplar as montanhas e o mar, e coisas estáticas e arquitetônicas. E enquanto isso dizia a si mesmo: "Como é que acabará a história?".

É um pouco o que eu dizia a mim mesmo, quando imaginava esse trecho de meu romance: "Como é que acabará esta história do diretório e qual será o destino da monarquia espanhola e da Espanha?". E devorava – como continuo devorando – os jornais e esperava cartas da Espanha. E escrevia aqueles versos do soneto LXXVIII do meu *De Fuerteventura a París*:

> Que essa Revolução é uma comédia
> que o senhor inventou contra o tédio.[61]

---

[60] *A*, *C*, "porque". Adotamos a correção feita em *B* e *D*, por estar de acordo com *CFR*: "pourquoi".

[61] *De Fuerteventura a París*, p. 124-25. De agora em diante, *FP*.

Por que, afinal, a angústia da história não é feita de tédio? E ao mesmo tempo tinha o desgosto de meus compatriotas.

Entendo perfeitamente os sentimentos que Mazzini expressava numa carta de Berna, endereçada a sua Giuditta, em 2 de março de 1835: "Esmagaria com meu desprezo e minha voz, se me deixasse levar por uma inclinação pessoal, os homens que falam minha língua, mas esmagaria com minha indignação e minha vingança o estrangeiro que se permitisse, diante de mim, adivinhar isso". Consigo imaginar plenamente seu "despeito raivoso" contra os homens, e principalmente contra seus compatriotas, contra aqueles que o compreendiam e julgavam tão mal. Como era grande a verdade daquela "alma desdenhosa", irmã gêmea da de Dante, o outro grande proscrito, o outro grande desdenhoso!

Não existe um meio melhor de adivinhar e vaticinar como há de acabar tudo aquilo, lá na minha Espanha. Ninguém acredita naquilo que diz ter de seu: os socialistas não acreditam no socialismo, nem na luta de classes, nem na lei férrea do salário e em outros simbolismos[62] marxistas; os comunistas não acreditam na comunidade [muito menos na comunhão]; nem os conservadores na conservação; nem os anarquistas na anarquia;[63] os pretorianos não acreditam na ditadura... Povo de mendigos! E alguém acredita em si mesmo? Será que eu acredito em mim mesmo? "O povo se cala!" Assim termina a tragédia *Boris Godunoff*, de Pushkin.[64] É porque o povo não acredita em si mesmo. E Deus se cala. Eis aqui o fundo da tragédia universal: Deus se cala.[65] E se cala porque é ateu.

---

[62] *CFR*: "embolsimes".

[63] C: "anarquia". O parágrafo termina aqui.

[64] Quando o boiardo Masalski anuncia ao povo a morte da mulher e do filho de Boris Godunov, todos reagem com um horror inefável. Depois o nobre lhes pergunta: "Por que vocês se calam? Gritem: Viva o Czar Dimitri Ivanovich!". Numa primeira versão da cena, a resposta era um "Viva!", mas com grande acerto dramático Pushkin mudou para uma simples rubrica: "O povo se cala".

[65] Em *B*, falta a frase seguinte. No entanto, esta não é a única vez em que o tema do ateísmo aparece na obra de Unamuno. Num soneto de 1910

Voltemos ao romance de meu Jugo de la Raza, de meu leitor, ao romance de sua leitura, de meu romance.

Eu pensava fazer que ele viajasse para fora de Paris, rebuscando esquecer a história – haveria de andar errante, perseguido pelas cinzas do livro que tinha queimado e parando para olhar as águas dos rios e até as do mar. Pensava fazer que passeasse, transido de angústia histórica, ao longo dos canais de Gante e de Bruges, ou em Genebra, ao longo do Lago Léman, e atravessasse, melancólico, aquela ponte de Lucerna que eu atravessei, há 36 anos, quando tinha 25 de idade. Teria colocado em meu romance lembranças de minhas viagens, teria falado de Gante, de Genebra, de Veneza, de Florença, entre outras, e ao chegar a cada uma dessas cidades meu pobre Jugo de la Raza teria se aproximado de uma banca de livros, teria encontrado outro exemplar do livro fatídico e totalmente trêmulo o teria comprado e levado para Paris, dispondo-se a continuar a leitura até satisfazer sua curiosidade, até que tivesse conseguido prever o fim sem chegar a ele, até que tivesse conseguido dizer: "Agora já entrevi como é que isso vai acabar".

[Quando eu estava escrevendo isto em Paris, já faz quase dois anos, não conseguia imaginar fazer meu Jugo de la Raza passear por outros lugares além de Gante, Genebra, Lucerna, Veneza, Florença, etc. Hoje eu o faria passear por este idílico país basco francês que une à doçura da doce França o toque agreste de minha Vascônia. Ele iria bordejando as plácidas ribeiras do humilde Nivelle, entre mansas pradarias de Esmeralda, junto a Ascain e ao pé do monte Larrun – outro derivado de *larra*, pasto –, iria friccionando os olhos no verdor apaziguador do campo nativo, pleno de silenciosa tradição milenar e que traz o esquecimento da enganadora história. Iria passando junto àqueles velhos casarios que se miram nas águas de um rio quieto; iria cheirando o silêncio dos abismos humanos.

(publicado no *Rosario de Sonetos Líricos*) aparece um intitulado "Ateísmo", cujo último verso diz: "Quem sabe se Deus mesmo não é ateu!".

Eu faria que ele chegasse até Saint-Jean-Pied-de-Port, de onde partiu aquele singular doutor Huarte de San Juan, o de *Examen de Ingenios*;[66] a Saint-Jean-Pied-de-Port, de onde o Nive desce a Saint-Jean-de-Luz. E ali, na velha e pequena cidade de Navarra, outrora espanhola e hoje francesa, sentado num banco de pedra em Eyalaberri, embuçado na paz ambiente, ouviria o rumor eterno do Nive. E iria vê-lo quando passasse sob a ponte que leva à igreja. E o campo circundante lhe falaria em basco, num eusquera infantil, falaria infantilmente, num balbucio de paz e confiança. E, como o relógio[67] estivesse quebrado, iria a um relojoeiro que, depois de declarar que não falava o basco, lhe diria que as línguas e as religiões é que separam os homens. Como se Cristo e Buda não tivessem dito a Deus a mesma coisa, só que em duas línguas diferentes.

Meu Jugo de la Raza vagaria pensativo por aquela rua da Cidadela que a partir da igreja sobe até o castelo, obra de Vauban, e cujas casas são, na maioria, anteriores à Revolução – aquelas casas em que três séculos dormiram. Por aquelas ruas, os carros dos colecionadores de quilômetros não podem subir, graças a Deus. E ali, naquela rua de paz e de retiro, visitaria a *prison des evesques*, o cárcere dos bispos de Saint-Jean, a masmorra da Inquisição. Por trás dela, as velhas muralhas que amparam pequenas hortinhas engaioladas. A velha prisão está por trás, envolta em hera.

Depois meu pobre leitor trágico iria contemplar a cascata formada pelo Nive, e sentir como aquelas águas, que em momento algum são as mesmas,[68] formam uma espécie de muro. E um muro que é um espelho.

---

[66] O documento – único, mas suficiente – que revela o local de nascimento do dr. Huarte de San Juan está na folha de rosto das duas edições de seu livro que ele mesmo preparou, em 1575 e 1578.

[67] *B*: "reloj". Sabe-se que Unamuno preferia escrever a palavra sem o jota final, atendo-se mais ao próprio ouvido do que ao olho dos revisores.

[68] Aqui se faz referência, naturalmente, à imagem que aparece no mais famoso fragmento de Heráclito (o de número 91, da edição de Diels): "Ninguém banha duas vezes o pé nas mesmas águas ao entrar num rio".

E espelho histórico. E continuaria, rio abaixo, na direção de Uhart-Cize, parando diante daquela casa em cujo dintel se lê:

> Vivons em paix
> Pierre Ezpellet
> et Jeanne Iribar
> ne. Cons. Annee 8º
> 1800

E pensaria na vida de paz — vivamos em paz! — de Pierre Ezpellet e Jeanne Iribarne[69] quando Napoleão estava enchendo o mundo com o fragor de sua história.

Depois meu Jugo de la Raza, ansioso por beber com os olhos o verdor das montanhas de sua pátria, iria até a ponte de Arnegui, na fronteira da França com a Espanha. Por ali, por aquela ponte insignificante e pobre, passou, no segundo dia do Carnaval de 1875, o pretendente ao trono D. Carlos de Bourbon, Carlos VII para os carlistas, quando acabou a guerra civil anterior,[70] que engendrou esta outra que os pretorianos de Afonso XIII provocaram — uma guerra carlista, também, assim como o pronunciamento de Primo de Rivera. E a mim, ela me tirou de minha casa para me jogar no confinamento de Fuerteventura no mesmo dia — 21 de fevereiro de 1924 — em que cinquenta anos antes eu tinha ouvido cair perto de minha casa natal em Bilbao uma das primeiras bombas que os carlistas jogaram sobre minha cidade. E ali, na humilde ponte de Arnegui, Jugo de la Raza poderia ter reparado que os aldeões que moram naquele contorno já não sabem nada sobre Carlos VII — aquele que passou dizendo, enquanto virava o rosto para a Espanha: "Voltarei, voltarei!".

Por ali, por aquela mesma ponte ou próximo a ela, deve ter passado o Carlos Magno da lenda: por ali se chega a Roncesvalles, onde

---

[69] A: "Iribar". Parece justa a correção feita nas edições posteriores, já que todos os outros nomes nesta passagem tinham sido adaptados ao espanhol.

[70] C: "civil". O resto da frase é omitido.

soou a trompeta de Rolando – que não era um Orlando furioso –, que hoje adormece calada entre aquelas caniçadas de sombra, silêncio e paz. E Jugo de la Raza juntaria em sua imaginação, nessa nossa imaginação sagrada que funde séculos e vastidões de terras, que transforma os tempos em eternidade e os campos em infinitude, Carlos VII e Carlos Magno – e com eles o pobre Afonso XIII e o primeiro habsburgo da Espanha, Carlos I, o Imperador, V da Alemanha, lembrando-se de quando ele, Jugo, visitou Yuste e na falta de outro espelho de água contemplou o tanque onde dizem que o imperador pescava tencas de uma varanda. E entre Carlos VII, o Pretendente, e Carlos Magno, Afonso XIII e Carlos I, que lhe apresentaria a pálida sombra enigmática do príncipe D. Juan, morto de tísica em Salamanca antes de ter podido subir ao trono, o ex-futuro D. Juan III, filho dos reis católicos Fernão e Isabel. E Jugo de la Raza, pensando em tudo isso, no caminho da ponte de Arnegui para Saint-Jean-Pied-de-Port, diria a si mesmo: "E como é que tudo isso vai acabar?".]

Mas interrompo este romance para voltar ao outro. Devoro aqui as notícias que me chegam da minha Espanha, principalmente as que se referem à campanha do Marrocos, e me pergunto se o resultado disso me permitirá retornar a minha pátria, fazer ali minha história e a dela: ir morrer ali. Morrer ali e ser enterrado no deserto...[71]

Com tudo isso, as pessoas daqui me perguntam se posso voltar à minha Espanha, se existe alguma lei ou algum dispositivo do poder público que impeça minha volta – e para mim é difícil explicar a eles, principalmente a estrangeiros, por que não posso nem devo voltar enquanto houver diretório, enquanto o general Martínez Anido estiver

---

[71] O conceito relembra a morte de Moisés, que foi enterrado no deserto, sem conseguir entrar na Terra Prometida. Unamuno o utiliza diversas vezes, muito especialmente em *São Manuel Bueno, Mártir*, referindo-se à condição do sacerdote sem fé na vida do além-túmulo. Aqui, no caso, pode estar se referindo à Espanha futura tão ansiada por Unamuno. Em C, falta todo o parágrafo seguinte.

no poder, porque eu não poderia me calar nem deixar de acusá-los, e se volto à Espanha acusando e gritando pelas ruas e praças a verdade, a minha verdade, então minha liberdade e até minha vida estariam em perigo – e, se eu as perdesse, aqueles que se dizem meus amigos, e amigos da liberdade e da vida, não fariam nada. Alguns, quando lhes explico minha situação, sorriem e dizem: "Ah, sim, uma questão de dignidade!". E leio, por baixo do sorriso, que estão dizendo: "Está cuidando do papel dele...".

Será que eles não têm um pouco de razão? Será que não estou prestes a sacrificar meu eu interior, aquele que eu sou em Deus, aquele que devo ser, ao outro, ao eu histórico, àquele que se movimenta em sua história e com sua história? Por que ser tão obstinado em não voltar a pisar na Espanha? Será que não estou em vias de[72] me transformar em minha lenda, a que me enterra, além daquela que os outros, amigos e inimigos, fazem a meu respeito? É que, se não me transformar em minha lenda, morrerei completamente. E se me transformar nela, também.[73]

Eis-me aqui talvez escrevendo minha lenda, meu romance e escrevendo a deles, a do rei, a de Primo de Rivera, a de Martínez Anido, criaturas de meu espírito, entes de ficção. Será que estou mentindo quando lhes atribuo certas intenções e certos sentimentos? Eles existem tal como os descrevo? Será que talvez nem existam? Existirão, do jeito que for, fora de mim? Como criaturas minhas, são criaturas de meu amor – embora este se revista de ódio. Falei que Sarmiento admirava e amava o tirano Rosas; não vou dizer que admiro o nosso, mas que o amo, sim – porque é meu, porque fui eu que o fiz. Eu o amaria fora da Espanha, mas o amo. E talvez ame a esse mentecapto do Primo de Rivera,[74] que se arrependeu do que fez comigo, como

---

[72] *CFR*: "en train de".

[73] Em *C*, faltam os dois parágrafos seguintes.

[74] *B, D*: "ame a esse Primo de Rivera".

no fundo está arrependido do que fez com a Espanha.⁷⁵ E pelo pobre epilético Martínez Anido que, num de seus ataques, com a boca espumejando e totalmente trêmulo, pedia minha cabeça, sinto uma compaixão que é ternura⁷⁶ porque presumo que não há nada que ele deseja mais do que o meu perdão, principalmente se ele suspeitar que rezo diariamente: "Perdoai as nossas ofensas assim como nós perdoamos a quem nos tem ofendido". Mas, ah, existe o tal papel. Retorno à cena! À comédia!⁷⁷

[Bem: não! Quando escrevi isto, deixei-me levar por um momento de desalento. Eu posso lhes perdoar o que fizeram comigo, mas o que eles fizeram e continuam fazendo com minha pobre pátria – isso não cabe a mim perdoar-lhes. E não se trata de representar um papel. Quanto ao fato de que o irresponsável do Primo de Rivera já esteja arrependido daquilo que fez comigo, é bem possível, mas aquilo que ele chama de sua honra não lhe permite confessar isso. Essa terrível honra cavalheiresca que ficou para sempre expressa naquele quarteto de *Las Mocedades del Cid*, de Guillén de Castro, em que se diz:

> Procure sempre acertar
> o honrado e principal,
> porém, se acertar mal
> defender, não emendar.⁷⁸

O que não quer dizer que Primo de Rivera seja honrado tampouco principal, muito menos que, ao se pronunciar durante o golpe de Estado, procurasse acertar.]

---

⁷⁵ B, D: "do que fez comigo".

⁷⁶ B, D: "E por Martínez Anido sinto uma compaixão que é ternura..."

⁷⁷ Em B, falta o parágrafo seguinte.

⁷⁸ Palavras do orgulhoso conde de Lozano, ofensor de Diego Laínez, Ato I, 622-65.

Giuditta Sidoli, escrevendo a seu Giuseppe Mazzini, falava-lhe sobre "sentimentos que se transformam em necessidades", de "trabalho por necessidade material de obra, por vaidade", e o grande proscrito se revoltava contra essa opinião. Pouco depois, em outra carta – de Grenchen, em 14 de maio de 1835 – escrevia: "Existem horas, horas solenes, horas que me despertam uns dez anos à frente, em que *nos vejo*: vejo a vida, vejo meu coração e o dos outros, mas em seguida... volto às ilusões da poesia". A poesia de Mazzini era a história, sua história, a da Itália, que era sua mãe e sua filha.

Hipócrita! Porque eu que sou, por profissão, um estafeta helenista – foi uma cátedra de grego que o diretório cometeu a comédia de me tirar, reservando-a para mim –, sei que hipócrita significa ator.[79] Hipócrita? Não! Meu papel é minha verdade e eu tenho que viver minha verdade, que é a minha vida.

Agora, faço o papel de proscrito. Até o descuidado desalinho da minha figura, até a teimosia em não trocar de roupa, em não me renovar, dependem em parte – com a ajuda de alguma inclinação para a avareza que sempre me acompanhou e que quando estou sozinho, longe da família, não encontra um contrapeso – do papel que represento. Quando minha mulher veio me ver, com minhas três filhas, em fevereiro de 1924,[80] cuidou de minha roupa íntima, renovou meus ternos, providenciou-me meias novas. Agora já estão todas esburacadas, desmanchando-se,[81] talvez para que eu possa me dizer o mesmo que Dom Quixote, meu Dom Quixote, quando viu que as malhas de suas meias tinham se rasgado: "Ó, pobreza! Pobreza!",

---

[79] *B*: "eu que sou, por profissão, um estafeta helenista, sei que hipócrita significa ator".

[80] Todas as edições anteriores deixam sem correção essa data, mas realmente foi em fevereiro de 1925. Em *D*, lê-se: "minha mulher veio me ver com meus três filhos", mas de acordo com Salcedo eram três filhas: Salomé, María e Felisa. *VDM*, p. 278.

[81] *CFR*: "défaites à force de ravandages".

com o que se segue e comentei tão apaixonadamente no meu *Vida de Don Quijote y Sancho*.[82]

Será que estou representando uma comédia, até para os meus? Claro que não! É que minha vida e minha verdade são o meu papel. Quando fui desterrado sem que dissessem – e continuo sem saber – a causa ou ao menos o pretexto de meu desterro, pedi aos meus, à minha família, que nenhum deles me acompanhasse, que me deixassem partir sozinho.[83] Eu precisava de solidão e, além disso, sabia que o verdadeiro castigo que aqueles tiranetes de caserna queriam me infligir[84] era me obrigar a gastar meu dinheiro, castigar-me em minhas posses modestas e a de meus filhos, sabia que aquele desterro era uma forma de confisco e resolvi restringir meus gastos ao mínimo possível, ou mesmo nem gastar, que foi o que fiz. Porque eles podiam me confinar numa ilha deserta, mas não à minha custa.

Pedi que me deixassem sozinho e, por me entenderem e me amarem de verdade – eles eram os meus, afinal, e eu era deles –, deixaram-me sozinho. E aí, no final de meu confinamento na ilha, depois que meu filho mais velho tinha vindo se juntar a mim com a mulher, uma senhora[85] – acompanhada pela filha, que talvez cuidasse dela –, procurou-me, a mesma que quase havia me deixado fora de mim com sua perseguição epistolar. Talvez ela quisesse me dar a entender que estava fazendo por mim aquilo que os meus, minha mulher e meus filhos, não haviam feito. Essa senhora é uma mulher de letras, e minha mulher não é – embora escreva bem. Mas será que essa pobre mulher de letras, preocupada com seu nome e talvez querendo uni-lo ao meu, ama-me mais do que

---

[82] *Dom Quixote*, II, XLIV. No capítulo correspondente de *Vida de Don Quijote y Sancho*, Unamuno dedica todos os seus comentários a essas palavras de Dom Quixote.

[83] Em C, o parágrafo termina aqui.

[84] B: "o verdadeiro castigo que queriam me infligir".

[85] CFR: "une dame argentine". Salcedo fornece mais detalhes sobre o tema em *VDM*, p. 262.

minha Concha, a mãe de meus oito filhos e minha verdadeira mãe? Minha verdadeira mãe, sim. Num momento de angústia suprema e abissal, quando ela me viu nas garras do Anjo do Nada, chorando um pranto sobre-humano, gritou-me do fundo de suas entranhas maternais, sobre-humanas, divinas, atirando-se em meus braços: "Meu filho!".[86] Então descobri tudo que Deus fez para mim nessa mulher, a mãe de meus filhos, minha virgem mãe, que não tem outro romance além do meu romance, ela, meu espelho de santa inconsciência divina, de eternidade. É por isso que me deixou sozinho em minha ilha, enquanto a outra, a mulher de letras, a de seu romance e não do meu,[87] foi procurar a meu lado emoções e até películas de cinema.

Mas a pobre mulher de letras procurava o que eu procuro, aquilo que procura qualquer escritor, qualquer historiador, qualquer romancista, qualquer político, qualquer poeta: viver na história duradoura e permanente, não morrer. Nestes dias andei lendo Proust, protótipo de escritores e solitários, e que tragédia a da sua solidão![88] Aquilo que o angustia e lhe permite sondar os abismos da tragédia humana é seu sentimento da morte, mas da morte de cada instante, porque ele se sente morrer momento a momento, porque disseca o cadáver de sua alma – e com que minuciosidade! Em busca do tempo perdido! Sempre se perde o tempo. O que chamamos de ganhar tempo na verdade é perder. O tempo: eis aqui a grande tragédia.

"Conheço essas dores de artistas tratadas por artistas: são a sombra da dor, e não o seu corpo", escrevia Mazzini a sua Giuditta em 2 de março de 1835. E Mazzini era um artista – nem mais nem menos do que um artista. Um poeta, e, como político, um poeta, nada mais do que um poeta. Sombra de dor, e não corpo. Mas aí está o fundo da tragédia romanesca,

---

[86] Unamuno se refere à noite de sua crise espiritual em 1897. Ver *VDM*, p. 84.

[87] *CFR* acrescenta: "celle qui n'aimait que pour ele et non pour moi...".

[88] Segundo Zubizarreta (*ZUN*, p. 337), G. Petit atribuía a Unamuno o mérito de ter descoberto a solidão de Proust em "Miguel de Unamuno", *La Revue Nouvelle*, n. 22-23, 1926, p. 20.

do romance trágico da história: a dor é sombra e não corpo; a dor mais dolorosa, a que nos arranca gritos e lágrimas de Deus é sombra do tédio; o tempo não é corporal. Kant dizia que ele é uma forma *a priori* da sensibilidade.[89] Que sonho, o da vida...! Sem acordar?

[Este "sem acordar" eu acrescentei agora ao reescrever o que escrevi há dois anos. E agora, nestes dias mesmos do início de junho de 1927, quando a tirania pretoriana espanhola se vulgariza mais e o rufião que a representa vomita, quase diariamente, sobre o regaço da Espanha as fezes de suas bebedeiras, recebo[90] uma edição de *La Gaceta Literaria* de Madri[91]

---

[89] *Crítica da Razão Pura*, I, 1ª Parte, 2ª Seção.

[90] B, D: "junho de 1927, recebo".

[91] Trata-se da edição n. XII da referida revista, datada de 1º de junho de 1927. A primeira página desta edição traz, em lugar de destaque, uma carta de Unamuno de grande interesse histórico, que merece ser reproduzida:
"Recebo, meus amigos, sua carta, pedindo-me alguma colaboração para uma homenagem a Góngora por ocasião do 3º centenário de sua morte. E não devo deixá-los sem resposta – que é alguma coisa mais do que uma réplica –, havendo, principalmente, entre vocês, aquele que, como Bergamin, é credor de uma resposta epistolar, que lhe devo e cuja dívida reconheço. Não acho que vocês estejam me pedindo um trabalho sobre Góngora – o que para mim seria, em consciência moral literária, fácil de fazer. Não posso dizer que o conheço. O gongorismo sempre o escondeu de mim, impedindo meu desejo de chegar até ele. Porque Góngora era, com certeza, ele (Góngora), e não gongorista, já que todo -ista é um outro, e não o próprio, e suponho que Góngora era e é ele mesmo. Mas não tive oportunidade de com-preender e menos ainda de con-sentir Góngora. Eu o li, um tanto às pressas e frouxamente, como que para cumprir uma obrigação de poeta espanhol, em Tudanca, na casa de nosso caríssimo José María de Cossío, mas ele me escapou, e não consegui co-mungar de seu gênio, do gênio de Góngora. Ele continua sendo, portanto, um desconhecido para mim – *nihil cognitum quin praevolitum* – e hoje é o dia em que não posso falar sobre ele coisa alguma que não seja sobre o gongorismo que poderíamos chamar de oficial ou tradicional – já que a tradição é feita oficialmente –, e isso eu não quero fazer.
Dirão vocês, meus bons amigos, que posso lhes enviar qualquer outra coisa, uma poesia minha ou algo assim, para comungar com todos vocês numa homenagem a um espírito poético excelso – ainda que desconhecido em

dedicada a Luís de Góngora e ao gongorismo pelos jovens culteranistas e cultos da castrada intelectualidade espanhola.[92] E estou lendo essa edição aqui, nestas minhas montanhas que Góngora chamou "dos Pirineus a cinza verde"(*Soledades*, II, 759), e vejo que esses jovens "muito Oceano e poucas águas pegam". E o oceano sem águas talvez seja a poesia pura ou culteranista. Mas, enfim, estas minhas memórias e esta minha narrativa, sobre como escrever um romance, "vozes de sangue e sangue são da alma" (*Soledades*, II, 119).

Vejam como eu, que execro o gongorismo, que não encontro poesia — isto é, criação, ou seja, ação — onde não existe paixão, onde não existem corpo e carne de dor humana, onde não existem lágrimas de sangue, deixo-me ganhar pelo que há de mais terrível e mais antipoético no gongorismo, que é a erudição. "Não é surdo, o mar; a erudição engana" (*Soledades*, II, 172), escreveu (e não pensou) Góngora, e aí ele se expõe. Era um erudito, um catedrático da poesia, um clérigo cordobês... Maldito ofício!

E tudo isso me ocorreu por causa das dores de artistas de Mazzini, combinadas com a homenagem dos jovens culteranistas da Espanha a Góngora. Mas Mazzini, o de "Deus e o Povo!", era um patriota, era um cidadão, era um homem civil — esses jovens culteranistas não são assim? E agora percebo o nosso grande erro de ter colocado a cultura acima da civilização, ou melhor, acima da civilidade. Não, não: antes de tudo e acima de tudo civilidade!]

E eis aqui que, pela última vez, voltamos à história de nosso Jugo de la Raza.

---

espécie. Vocês devem ter razão, mas nessa data de 24 de maio, já estará...?" — *Miguel de Unamuno*.

Segundo Zubizarreta, Unamuno reclamava por terem publicado sua carta, aplicando-lhe, no final, as reticências. Ver *ZUN*, p. 330.

[92] B, D: "da intelectualidade espanhola". Em C, omite-se o começo do parágrafo até o final desta frase — e com isso a alusão a "essa edição" na frase seguinte fica sem sentido.

O qual, como eu o faria retornar a Paris trazendo consigo o livro fatídico, iria enfrentar o terrível dilema: ou ler o romance que tinha se transformado em sua vida e morrer; ou renunciar a lê-lo e viver, viver e, consequentemente, morrer também. Uma morte ou outra: na história ou fora da história. E eu teria feito ele dizer estas coisas num monólogo que é uma forma de se dar vida:

Mas isto é apenas uma loucura... O autor deste romance está zombando de mim... Ou sou eu que estou zombando de mim mesmo? E por que eu hei de morrer quando acabar de ler este livro e o personagem autobiográfico morrer? Por que não hei de sobreviver a mim mesmo? Sobreviver a mim e examinar meu cadáver. Vou continuar lendo um pouco até que só reste um pouco de vida àquele pobre diabo e então, quando tiver antevisto o fim, viverei pensando que estou fazendo ele viver. Quando D. Juan Valera, já velho, ficou cego, não deixou que o operassem, dizendo: "Se me operarem, podem me deixar cego definitivamente, para sempre, sem esperança de recuperar a visão, ao passo que se não deixar que me operem poderei viver sempre com a esperança de que uma operação iria me curar". Não, não vou continuar lendo: vou guardar o livro ao alcance da mão, na cabeceira da cama, e enquanto dormir pensarei que poderia lê-lo se quisesse, mas sem o ler. Será que conseguirei viver assim? De qualquer modo, hei de morrer, já que todo mundo morre...

[A expressão popular espanhola é a de que todo deus morre...]
E enquanto isso Jugo de la Raza teria recomeçado a ler o livro sem concluí-lo, lendo-o muito lentamente, sílaba por sílaba, soletrando-o, parando a cada vez uma linha mais adiante do que na leitura anterior, para recomeçá-la de novo. Que é o mesmo que avançar cem passos de tartaruga e retroceder 99, avançar de novo e tornar a retroceder na mesma proporção e sempre com o espanto do último passo.

Essas palavras que eu teria posto na boca de meu Jugo de la Raza – a saber, que todo mundo morre [ou, em espanhol popular, que todo deus morre] – são um dos maiores vulgarismos que se pode dizer, o mais comum de todos os lugares-comuns e, portanto, o mais paradoxal dos paradoxos. Quando estudávamos lógica, o exemplo de silogismo que nos mostravam era: "Todo os homens são mortais. Pedro é homem. Logo, Pedro é mortal". E havia este antissilogismo, o ilógico: "Cristo é imortal. Cristo é homem. Logo, todo homem é imortal".

[Esse antissilogismo cuja premissa maior é um termo individual, não universal tampouco particular, mas que alcança a universalidade máxima, pois se Cristo ressuscitou qualquer homem pode ressuscitar, ou, como se diria em espanhol popular, todo cristo pode ressuscitar, está na base daquilo que chamei de sentimento trágico da vida e constitui a essência da agonia do cristianismo. Tudo o que constitui a divina tragédia.

A Divina Tragédia! E não como Dante, o crente universal, o gibelino proscrito, chamou a sua: Divina Comédia.[93] A de Dante era comédia, e não tragédia, porque nela havia esperança. No vigésimo canto do "Paraíso", há um terceto[94] que nos mostra a luz que brilha sobre essa comédia. É quando ele diz que o reino dos céus sofre de força – segundo a sentença evangélica[95] – de cálido amor e de esperança viva que vence a vontade divina:

> *Regnum cœlorum violenza pate*
> *da caldo amore, e da viva speranza*
> *che vince la divina volontate.*

---

[93] Na verdade, foram as gerações posteriores, e não o próprio Dante, que chamaram *Divina* a obra a que ele tinha dado o nome de *Comédia*. O título *A Divina Comédia* aparece em alguns dos mais antigos manuscritos e na *Vita de Dante* de Boccaccio.

[94] São os versos 94-96.

[95] Mateus 9,12: "Regnum coelorum vim patitur, et violenti rapiunt illud" ["O reino dos céus é arrebatado à força e são os violentos que o conquistam"].

E isto é mais do que poesia pura ou do que erudição culteranista.

A esperança viva vence a vontade divina! Acreditar nisso, sim, é que é fé e fé poética! Aquele que esperar firmemente, cheio de fé em sua esperança, não morre, não morrerá...! E, em todo caso, os condenados de Dante vivem na história e assim sua condenação não é trágica, não é de tragédia divina, mas cômica. Acima deles, e apesar de sua condenação, Deus sorri...]

Uma vulgaridade! E, no entanto, o trecho mais trágico da correspondência trágica de Mazzini é aquele, datado de 30 de junho de 1835, em que diz: "Todo mundo morre: Romagnosi morreu, Pecchio morreu e Vitorelli, que eu imaginava morto há tempos, acaba de morrer". E talvez Mazzini tenha dito a si mesmo um dia: "Eu, que me imaginava morto, vou morrer". Como Proust.[96]

O que hei de fazer de meu Jugo de la Raza? Como isto que estou escrevendo, leitor, é um romance verdadeiro, um poema verdadeiro, uma criação, e que consiste em lhe mostrar como se escreve e não como se conta um romance, uma vida histórica, não tenho por que satisfazer seu interesse folhetinesco e frívolo. Todo leitor que, ao ler um romance, preocupa-se em saber como seus personagens vão acabar, sem se preocupar em saber como ele acabará, não merece que se satisfaça sua curiosidade.

Quanto às minhas dores, talvez incomunicáveis, digo o que Mazzini escrevia de Grenchen a sua Giuditta em 15 de julho de 1835: "Hoje devo lhe dizer, para que você não diga que minhas dores pertencem à poesia, como você a chama, que são realmente dores desde já há algum tempo...". E em outra carta, de 2 de junho do mesmo ano:

> Chamaram de poesia tudo que é estranho; chamaram o poeta de louco até o tornarem realmente louco; tornaram Tasso louco,

---

[96] A frase que aparece entre aspas é um decalque sintático da alusão a Vitorelli na carta de Mazzini. Embora expresse claramente uma atitude bem proustiana, não se trata de uma citação.

cometeram o suicídio de Chatterton e de outros;[97] chegaram até a maltratar os mortos, Byron, Foscolo e outros, porque não seguiram seus caminhos. Que o desprezo caia sobre eles! Eu sofrerei, mas não quero renegar minha alma; não quero me fazer mal para agradar a eles, e estaria me fazendo mal, muito mal, se tirasse de mim o que chamo de poesia – embora, por força de haver prostituído o nome de poesia com a *hipocrisia*, chegou-se a duvidar de tudo. Mas, para mim, que vejo e nomeio as coisas à minha maneira, a poesia é a virtude, é o amor, a piedade, o afeto, o amor à pátria, o infortúnio imerecido, é você, é seu amor de mãe, é tudo o que existe de sagrado na terra...

Não posso continuar ouvindo Mazzini. Ao ler isso, o coração do leitor escuta cair do céu negro, por cima das nuvens acumuladas em tempestade, os gritos de uma águia ferida em seu voo, quando estava se banhando na luz do sol.

Poesia! Divina poesia! Consolo de toda a vida! Sim, a poesia é tudo isso. E a política também. O outro grande proscrito, o maior sem dúvida de todos os cidadãos proscritos, o gibelino Dante, foi, é e continua sendo um muito alto, muito profundo e soberano poeta – um político e um crente. Política, religião e poesia foram nele, e para ele, uma coisa só, uma trindade íntima. Sua cidadania, sua fé e sua fantasia o tornaram eterno.

[E agora, no número da *Gaceta Literaria* em que os jovens culteranistas da Espanha prestam homenagem a Góngora, que eu acabo de receber e de ler, um desses jovens, Benjamin Jarnés, num pequeno artigo que se chama culteranisticamente "Ouro garimpado e néctar espremido", diz-nos que "Góngora não apela para o fogo-fátuo da azulada fantasia nem para a chama oscilante da paixão, mas para a luz perene da inteligência tranquila".[98] E esses intelectuais chamam isso de poesia? Uma poesia

---

[97] CFR: "de mille autres..."; ML: "di mille altri".

[98] O artigo aparece na página 2 da referida edição.

sem o fogo da fantasia e sem a chama da paixão? Pois que se alimentem do pão feito com esse ouro garimpado! E depois acrescenta que Góngora se propôs "menos a repetir uma bela história do que inventar um belo idioma". Mas... será que existe idioma sem história ou beleza do idioma sem beleza da história?

Toda essa homenagem a Góngora, pelas circunstâncias em que foi prestada, pelo estado atual de minha pobre pátria, parece-me uma homenagem tácita da servidão à tirania, um ato servil e para alguns – não em todos, claro! – ato de mendicância. E toda essa poesia que celebram é apenas uma mentira. Mentira, mentira, mentira...! O próprio Góngora era um mentiroso. Vejam como aquele que disse que "a erudição engana" começa seu *Soledades*:

> Era do ano a estação florida
> em que o mentido roubador de Europa...

O mentido! O mentido? Por que ele se sentia obrigado a nos dizer que o roubo de Europa por um Júpiter transformado em touro é uma mentira? Por que o erudito culteranista se sentia obrigado a nos dar a entender que suas ficções eram mentiras?[99] Mentiras, e não ficções. Acontece que ele, o artista culteranista, que era clérigo, sacerdote da Igreja Católica Apostólica Romana, acredita em Cristo, a quem rendia culto público. Cabe perguntar se ele, quando fazia a consagração na santa missa, não agia também como culteranista. Eu fico com a fantasia e a paixão de Dante.]

Alguns infelizes me aconselham a abandonar a política – aquilo que eles, com uma expressão de fingido desdém, que é apenas medo, medo

---

[99] Zubizarreta comenta: "A interpretação insuficiente do texto se deve ao fato de ele considerar Góngora apolítico. Ele acredita que '*mentido roubador de Europa*' afirma a falsidade da poesia" (ZUN, p. 332). Ele também considerava apolíticos os jovens autores da homenagem – além de pouco leais, por haverem suprimido o final de uma carta sua com que abriram a edição.

de eunucos ou impotentes chamam de política – e me garantem que eu deveria me dedicar a minhas cátedras, meus estudos, meu romances, meus poemas, minha vida. Não querem saber que minhas cátedras, meus estudos, meus romances e meus poemas são política.[100] Que hoje, em minha pátria, a questão é lutar pela liberdade da verdade, que é a suprema justiça, para libertar a verdade da pior das ditaduras, daquela que não dita nada, da pior das tiranias, a da estupidez e da impotência, da força pura e sem direção. Mazzini, o filho predileto de Dante, fez de sua vida um poema, um romance muito mais poético do que os de Manzoni, D'Azeglio, Grossi ou Guerrazzi.[101] E a maior parte e o melhor da poesia de Lamartine e de Hugo veio do fato de que eles eram tanto

---

[100] Em *B*, omite-se a frase a seguir, continuando com: "Mazzini, o filho predileto".

[101] Unamuno compara Mazzini com vários companheiros seus da época do *Risorgimento*:

Alessandro Manzoni (1785-1873). O autor de *Os Noivos*, embora tenha renunciado ao jacobinismo de sua primeira juventude, continuava simpatizando com o liberalismo moderado que lutava pela unificação da Itália. É um sinal impressionante da paixão histórica de Unamuno naquele momento o fato de que tenha podido afirmar que a vida da Manzoni foi mais poética do que o romance que é a obra-prima de todo o Oitocentismo italiano.

Massino D'Azeglio (1798-1866), a partir de 1831 genro de Manzoni, seguiu o exemplo novelístico de seu sogro com dois romances históricos, embora em ambos os objetivos patrióticos e políticos tenham muito mais destaque do que em Manzoni. Até 1852, desempenhou um papel histórico e político ativíssimo – e suas memórias, *I Mei Ricordi*, são justamente sua obra de maior vigência moderna.

Tommaso Grossi (1790-1853), poeta do romantismo gótico, é inimigo de Manzoni, cujo exemplo ele segue em seu único romance, *Marco Visconti*.

Francesco Domenico Guerrazzi (1804-1873), considerado o mais romântico dos românticos italianos, publicou seu primeiro romance histórico, *La Battaglia di Benevento*, em 1827, ano do aparecimento da primeira parte de *Os Noivos*, e continuou seus trabalhos de criação, principalmente de romances históricos, até seus últimos anos, muito diferentemente de Manzoni e Grossi. Também se diferenciava deles – sendo mais parecido com Mazzini – em seu ativismo político, que manteve até seus últimos anos.

poetas quanto políticos. E os poetas que jamais fizeram política? Seria preciso examinar isso de perto e, em todo caso,

non raggionam di lor, ma guarda e passa.[102]

E há outros, mais vis, os intelectuais por antonomásia – os técnicos, os sábios, os filósofos. Em 28 de junho de 1835, Mazzini escrevia a sua Giuditta:

> Quanto a mim, abandono tudo e volto a entrar em minha individualidade, cheio de amargura por tudo aquilo que mais quero, de desgosto em relação aos homens, de desprezo em relação àqueles que recolhem a covardia nos despojos da filosofia, pleno de altanaria diante de todos, mas de dor e de indignação diante de mim mesmo, do presente e do futuro. Não voltarei a erguer as mãos para fora do lodo das doutrinas. Que a maldição de minha pátria, daquela que há de surgir no futuro, caia sobre eles!

Assim seja! Assim seja eu digno dos sábios, dos filósofos que se alimentam na Espanha e da Espanha, dos que não querem gritos, dos que querem que recebamos sorrindo as cusparadas dos vis,[103] dos que são mais do que vis, que se perguntam o que é que vai fazer com a liberdade. Eles? Eles vão... vendê-la. Prostitutos![104]

[Desde que escrevi estas linhas, já faz dois anos, só tive – por desgraça de Deus! – motivos para corroborar o sentimento que as ditou para mim. A degradação, a degeneração dos intelectuais – vamos chamá-los

---

[102] Dante, "Inferno", III, 51: "não falemos mais deles, mas olha e segue em frente". Verso em que Virgílio (e o próprio Dante Alighieri junto dele) expressa todo o desprezo que sente pelos covardes do limbo, de almas neutras e neutrais.

[103] *B*: "vis". O parágrafo termina aqui.

[104] *CFR*: "Eux? Eux, ils n'ont qu'à la vendre. Et se vendre. Prostitués!". Em *B* e *C* falta todo o parágrafo seguinte.

assim – da Espanha continuou. Submetem-se à censura e suportam em silêncio as notas oficiosas com que Primo de Rivera está insultando quase diariamente a dignidade de consciência civil e nacional da Espanha. E continuam dissertando sobre bobagens.]

Vou retornar ainda, depois da última vez, depois de ter dito que não retornaria a ele, a meu Jugo de la Raza. Eu me perguntava se, consumido por sua fatídica ansiedade, tendo sempre diante dos olhos e ao alcance da mão o agourento livro e não se atrevendo a abri-lo e continuar sua leitura para prolongar assim a agonia que era sua vida, eu me perguntava se não o faria sofrer um ataque de hemiplegia ou qualquer outro acidente do gênero. Se não o faria perder a vontade e a memória ou, em todo caso, o apetite de viver, de forma que esquecesse o livro, o romance, sua própria vida e se esquecesse de si mesmo. Outro modo de morrer e antes da hora. Se é que existe uma hora para se morrer e se possa morrer fora dela.

A solução me tinha sido sugerida pelos últimos retratos do pobre Francos Rodríguez, jornalista, antigo republicano e depois ministro de D. Afonso. Está hemiplégico.[105] Num dos retratos, ele aparece fotografado quando está saindo do Palácio, em companhia de Horacio Echevarrieta, depois de se entrevistar com o rei e o convidar para colocar a pedra fundamental da Casa de la Prensa, de cuja associação Francos é presidente. Outra pessoa o representa durante a cerimônia a que o rei assistia a seu lado.[106] Seu rosto reflete o espanto esvaziado em carne. E eu me lembrei daquele outro pobre infeliz, D. Gumersindo Azcárate, também republicano, que, já inválido e balbuciante, era transportado ao Palácio como um cadáver vivo.[107] E, na cerimônia da pedra fundamental da Casa de la Prensa, Primo de Rivera fez o elogio de Pi y Margall, republicano

---

[105] *CFR*: "Francos Rodríguez, hémiplégique; ancien républicain, puis ministre de Don Alfonso". Em *CFR* falta a frase: "Está hemiplégico".

[106] Em *CFR* falta: "e a seu lado".

[107] Em *CFR*: "ce pauvre D. Gumersindo de Azcárate, que l'on transportait au Palais comme un cadavre vivant".

consequente de toda uma vida, que morreu em pleno uso de suas faculdades de cidadão,[108] que morreu quando estava vivo.

Pensando nessa solução que poderia ter dado ao romance de meu Jugo de la Raza, que em vez de escrever eu tinha tentado contar, evoquei minha mulher e meus filhos[109] e pensei que não hei de morrer órfão, que eles, meus filhos, serão meus pais e elas, minhas filhas, serão minhas mães. E, se um dia o espanto do futuro se esvair da carne de meu rosto, se eu perder a vontade e a memória, eles não sofrerão, meus filhos e minhas filhas, meus pais e minhas mães, se os outros me prestarem a menor homenagem ou que me perdoem vingativamente, não sofrerão senão esse trágico irresponsável, este monstro de frivolidade[110] que escreveu que me quereria isento de paixão[111] — quer dizer, pior do que morto —, fizer meu elogio. E, se isto é uma comédia, é, como a de Dante, uma divina comédia.

[Quando releio isto, tornando a escrever isto, dou-me conta, como leitor de mim mesmo, do deplorável efeito que pode ter este comentário de que não quero que me perdoem. É algo de uma soberba luciferina e quase satânica, é algo que não se compadece com o "perdoai as nossas ofensas assim como nós perdoamos a quem nos tem ofendido". Porque, se perdoamos a quem nos tem ofendido, por que não haverão de nos perdoar aqueles a quem ofendemos? E que, no calor da batalha, eu os ofendi — isto é inegável. Mas ver que impõem castigos injustos e imerecidos, tendo em vista apenas o indulto, isto

---

[108] Em *CFR*: "Pi y Margall, que était mort dans le plein usage de ses facultés de citoyen, que était mort vivant".

[109] Em *CFR*: "j'ai évoqué ma femme, ma Concha, ma vierge mère, et nos enfants...".

[110] *B*: "e nem que me perdoem, não sofrerão como essa pessoa".

[111] Em *FP*, Unamuno conta, no comentário ao soneto LXXXII, de 17 de outubro de 1924, que Primo de Rivera tinha escrito uma carta ao diretor de *Le Quotidien*, em que dizia que gostaria de Unamuno "isento de paixão". *FP*, p. 129-30.

me envenenou o pão e o vinho da alma. O mais repugnante daquilo que eles chamam de a régia prerrogativa do indulto é o fato de que, mais de uma vez – tenho experiência imediata de alguma –, o poder régio violentou os tribunais de justiça, submeteu-os ao suborno, para que condenassem injustamente com o único objetivo de poder infligir depois um indulto rancoroso. A absurda gravidade da pena com que se agravam os supostos crimes de injúria ao rei e lesa-majestade também obedece a isso.]

Presumo que algum leitor, quando ler esta confissão cínica que talvez classifique de impudica, esta confissão *à la* Rousseau, revolte-se contra minha doutrina da divina comédia, ou melhor, da divina tragédia, e se indigne dizendo que estou apenas representando um papel, que não compreendo o patriotismo, que a comédia de minha vida não foi séria. Mas o que indigna este leitor indignado é que eu lhe mostro que ele é, por sua vez, um personagem cômico, romanesco e nada menos do que um personagem que quero colocar no meio do sonho de sua vida. Que ele faça do sonho, de seu sonho, a vida – e ele será salvo. E como não existe nada além de comédia e romance, que ele pense que o que parece ser realidade extracênica é comédia da comédia, romance do romance, que o *númeno* inventado por Kant[112] é o que pode haver de mais fenomenal e a substância o que pode haver de mais formal. O fundo de uma coisa é sua superfície.[113]

---

[112] *CFR*: "Ce qui lui paraît réalité extra-scénique est comédie de comédie, que le noumène inventé par Kant". Quando fez a retradução, Unamuno acrescentou a frase "romance de romance". Ver a *Crítica da Razão Pura*, 1ª parte, 1ª Seção, livro II, capítulo III. No prólogo às *Três Novelas Exemplares*, Unamuno expressou, poucos anos antes, uma opinião completamente oposta, afirmando que a realidade numênica é a única verdadeira. A trajetória dialética do pensamento unamuniano a respeito desse tema foi traçada por Carlos Blanco Aguinaga em "Interioridade e Exterioridade em Unamuno", *NRFH*, VII (1953), p. 686-701.

[113] Para outros comentários sobre este tema, ver o "Prólogo" e o artigo de Inés Azar mencionado na parte "Estrutura e Ontologia".

E agora: para que acabar o romance de Jugo? Esse romance e de resto todos os que são escritos, e que as pessoas não se contentam em contá-los, não acabam. O acabado, o perfeito, é a morte, e a vida não pode morrer. O leitor que procurar romances acabados não merece ser meu leitor: ele já está acabado antes de me haver lido.

O leitor aficionado a mortes estranhas, o sádico em busca de ejaculações da sensibilidade, aquele que ao ler *A Pele de Onagro* se sente desfalecer de espasmo voluptuoso quando Rafael chama Pauline: "Pauline, vem...! Pauline" – e, mais adiante: "Eu te amo, te adoro, te desejo" – e a vê rodar sobre o canapé seminua, e a deseja em sua agonia, em sua agonia que é seu próprio desejo, através dos sons estrangulados de seu estertor agônico, e quando ele morde o seio de Pauline e ela morre agarrada a ele – esse leitor queria que eu lhe desse, de forma parecida, o fim da agonia de meu protagonista, mas se não sentiu essa agonia em si mesmo... para que me estender mais? Além disso, existem necessidades a que não quero me prender. Que ele as resolva sozinho, como puder, sozinho e solitário!

Mas, apesar disso, algum leitor tornará a perguntar: "E então? Como esse homem acaba? Como a história o devora?". E como você acabará, leitor? Se você não é homem, homem como eu, quer dizer, comediante e autor de si mesmo, então não deve ler por medo de esquecer a si mesmo.

Contam que um ator arrancava grandes aplausos toda vez em que se suicidava hipocritamente em cena e que uma vez, a única e a última, em que fez isso teatralmente, mas verdadeiramente, quer dizer, quando não pôde reiniciar representação alguma, porque se suicidou de verdade, ou o que se chama "de verdade", então foi vaiado. E teria sido ainda mais triste se tivesse arrancado risadas ou sorrisos. O riso! O riso! A abismal paixão trágica de Nosso Senhor Dom Quixote. E a de Cristo. Faz rir com uma agonia. "Se és o rei dos judeus, salva-te a ti mesmo" (Lucas 23,37).

"Deus não é capaz de ironia, e o amor é uma coisa sagrada demais, é demasiadamente a coisa mais pura da nossa natureza para que não venha

Dele. Assim, portanto, cabe-nos negar a Deus, o que é absurdo, ou crer na imortalidade." Assim escrevia de Londres a sua mãe – a sua mãe! – o agônico Mazzini – maravilhoso agonizante – em 26 de junho de 1839, 33 anos antes de sua definitiva morte terrestre. E se a história fosse apenas o riso de Deus? E cada revolução fosse uma de suas gargalhadas? Gargalhadas que ressoam como trovões enquanto os divinos olhos lacrimejam de riso.

Em todo caso e quanto ao resto, não quero morrer só para fazer a vontade de certos leitores incertos. E você, leitor, que chegou até aqui, será que vive?

CONTINUAÇÃO

Assim terminava a narrativa de *Como Escrever um Romance*, que apareceu em francês na edição de 15 de maio de 1926 do *Mercure de France*, escrita já fazia uns dois anos. Depois continuei meu romance, história, comédia, tragédia ou o que se queira, e continuei o romance, história, comédia ou tragédia da minha Espanha, de toda a Europa e da humanidade inteira. E sobre a angústia do possível acabamento de meu romance, sobre e sob ela, a angústia do possível acabamento do romance da humanidade continua me angustiando. E nisso se inclui, como episódio, o que chamam de ocaso do Ocidente e o fim de nossa civilização.

Terei que lembrar mais uma vez o final da ode de Carducci "Sobre o Monte Mario"? Quando nos descreve que "até que sob o Equador recolhida, aos chamados do calor que foge, a prole extenuada tenha uma única mulher, um só homem, que erguidos no meio de ruínas de montanhas, entre florestas mortas, lívidos, com os olhos vidrados, vejam sobre o gelo imenso, ó sol, você se pôr".[1] Visão apocalíptica que me lembra uma outra, que por ser mais cômica é mais terrível, que li em Courteline[2] e que pinta para nós o fim dos últimos homens

---

[1] Unamuno traduziu esta poesia em versos que conservam a estrofe sáfica do original de Carducci, publicando-os em *Poesías* (1907). Dizem assim:
   hasta que bajo el ecuador rendida,
   a las llamadas del calor que huye,
   la ajada prole una mujer tan solo
   tenga, y un hombre,
   que erguidos entre trozos de montañas,
   en muertos bosques, lívidos, con ojos
   vítreos te vean sobre inmenso hielo
   ¡oh sol, ponerte!

[2] Georges Courteline é o nome artístico de Georges Moinaux (1861-1927), conhecido principalmente como autor de comédias satíricas.

recolhidos num navio, nova arca de Noé, num novo dilúvio universal. Um papagaio vai a bordo, junto dos últimos homens, com a última família humana. O navio começa a afundar, os homens se afogam, mas o papagaio trepa no ponto mais alto do mastro maior e, quando este último topo vai afundar nas águas, o papagaio lança ao céu um grito de *"Liberté, Egalité, Fraternité!"*. E assim acaba a história.

A isso, costumam chamar de pessimismo. Mas é ao pessimismo que o ainda rei da Espanha D. Afonso XIII – hoje, 4 de junho de 1927 – costuma se referir quando diz que é preciso ilhar os pessimistas. Foi por isso que me ilharam alguns meses na ilha de Fuerteventura, para que meu pessimismo paradoxal não contaminasse meus compatriotas. Depois fui indultado daquele confinamento ou isolamento, a que fui conduzido sem que tenham me dito a razão ou sequer o pretexto. Vim para a França sem me importar com o indulto e me estabeleci em Paris, onde escrevi a narrativa anterior, e no final de agosto de 1925 vim de Paris para cá, Hendaye, para continuar escrevendo o romance da vida. E é esta parte do romance, leitor, que vou lhe contar agora, para que você continue vendo como escrever um romance.

* * *

Escrevi o texto anterior há doze dias e passei todo esse tempo sem levar a pena ao papel, ruminando a ideia de como haveria de terminar o romance que está sendo escrito. Porque agora quero acabá-lo, quero tirar meu Jugo de la Raza do terrível pesadelo da leitura do livro fatídico, quero chegar ao fim de seu romance como Balzac chegou ao fim do romance de Raphaël de Valentin. E acredito que posso chegar a isso, acredito que posso acabar o romance, graças aos 22 meses de Hendaye.[3]

Naturalmente, renuncio a lhe contar, leitor, com detalhes a história de minha permanência aqui, minhas aventuras na fronteira. Logo a

---

[3] Em C, falta todo o parágrafo seguinte.

contarei em outro lugar – e ali contarei todas as manobras dos abjetos tiranetes da Espanha para me tirar daqui,[4] para que o governo da República francesa me interiorize. Ali contarei como fui convidado pelo ministro do Interior, Mr. Schramek, para me afastar da fronteira porque minha permanência aqui poderia criar "no momento atual" – escrito em 6 de setembro de 1925 – "certas dificuldades", e para "evitar qualquer incidente suscetível de prejudicar as boas relações que existem entre a França e a Espanha" e "para facilitar a tarefa que se impõe às autoridades francesas"; e contarei como respondi, escrevendo ao mesmo tempo a Mr. Painlevé, meu amigo, então presidente do Conselho de Ministros, e ao senhor Quiñones de León, embaixador de D. Afonso perante a República francesa, e lhes respondi recusando-me a abandonar este recanto de meu país basco natal e pórtico da Espanha, e o que aconteceu a seguir. E pouco depois, em 24 de setembro, foi o próprio prefeito dos Baixos Pirineus que veio de Pau para me ver e me convencer, da parte de Mr. Painlevé, a abandonar a fronteira. Voltei a me recusar[5] e a tirania espanhola, que já faturava o triunfo de meu confinamento, empreendeu uma campanha policialesca. Contarei como a polícia espanhola, comandada por um certo Luís Fenoll, comprou aqui, numa oficina de Hendaye, umas pistolas e foi com elas até a linha de fronteira, pelo lado de Vera, fingiu uma escaramuça com uma suposta fuga de comunistas – o bicho-papão! Os policiais se perderam, depararam com carabineiros e foram levados à presença do capitão Juan Cueto, meu velho e íntimo amigo, a quem o cabecilha policialesco declarou que conduzia, da parte do diretório militar que governava a Espanha, uma "alta missão política", que era a de provocar, ou melhor, simular, um incidente de fronteira, uma invasão comunista, que justificasse o fato de me obrigarem a me afastar da fronteira. A tramoia fracassou graças

---

[4] *B*: "todas as manobras para me tirar daqui...".

[5] *B*: "Voltei a me recusar". Depois se omite todo o texto que segue, até o ponto assinalado na próxima nota.

à lealdade do capitão Cueto, hoje processado, que a denunciou, e graças à torpeza típica da polícia – mas nem assim os abjetos tiranetes da Espanha – não quero chamá-los de espanhóis – cederam em seu empenho de me tirar daqui. E algum dia[6] contarei os diversos incidentes dessa luta. Por ora, e para encerrar esta parte externa e eu quase diria aparente da minha vida aqui, citarei apenas que há pouco mais de um mês, em 16 de maio passado, recebi outra carta do senhor prefeito dos Baixos Pirineus, de Pau, em que me implorava que passasse o mais depressa possível – *le plus tôt possible* – por seu escritório para me colocar ciente a respeito de um comunicado do senhor ministro do Interior – a quem respondi que, não devendo por motivos especiais e muito graves sair de Hendaye, pedia-lhe que enviasse para cá, e por escrito, o tal comunicado. E até hoje... nada. Fiz bem em presumir que eles não me comunicariam nada por escrito, que permanece, e por isso resisti à palavra que o vento leva. Mas... será que o escrito permanece? O vento leva a palavra? Será que a letra, o esqueleto, tem mais essência duradoura, mais eternidade, do que o verbo, do que a carne? E eis-me aqui de novo no centro, nas profundezas da vida íntima do "homem de dentro" de que falava São Paulo (Efésios 3,15), no tutano de meu romance, de minha história. E isso me leva a continuá-la, a terminar de lhe contar, leitor, como escrever um romance.

Por baixo desses incidentes de polícia, a que os tiranetes rebaixam e degradam a política, a santa política,[7] levei e continuo levando aqui, em meu desterro de Hendaye, neste recanto fronteiriço de minha terra basca natal, uma vida íntima de política transformada em religião e de religião transformada em política, um romance de eternidade histórica. Às vezes vou à praia de Ondarraitz para banhar a meninice eterna do meu espírito na visão da eterna meninice do mar, de sua substância divina; outras

---

[6] *B, D*: "Algum dia". Em *B*, o texto interrompido prossegue a partir deste ponto.

[7] *B*: "Esses incidentes de polícia, a política, a santa política..."

vezes, remontando ao curso do Bidasoa limítrofe, passo junto à ilhota Faisanes, onde se acordou o casamento de Luís XIV da França com a infanta da Espanha Maria Teresa, filha do nosso Felipe IV, o habsburgo, e assinou-se o Pacto de Família – "já não há Pirineus!", disseram, como se com pactos assim pudessem abater montanhas de rocha milenar –, e vou até a aldeia de Biriatu, remanso de paz. Ali, em Biriatu, sento-me por um momento ao pé da igrejinha, em frente ao casario de Muniorte, onde a tradição local diz que vivem descendentes bastardos de Ricardo Plantageneta, duque de Aquitânia, que teria sido rei da Inglaterra, o famoso Príncipe Negro que foi ajudar D. Pedro, o Cruel de Castela, e contemplou a caniçada do Bidasoa, ao pé do Choldocogaña, tão cheia de lembranças de nossas disputas civis, por onde corre mais história do que água, e envolve meus pensamentos de proscrito no ar peneirado e úmido de nossas montanhas maternais. Às vezes chego até Urruña, cujo relógio nos diz que todas as horas ferem e a última mata – *vulnerant omnes, ultima necat* –, ou mais além, a Saint-Jean-de-Luz, em cuja igreja matriz Luís XIV se casou com a infanta da Espanha, lacrando-se depois a porta por onde entraram para as bodas e por onde saíram delas. Outras vezes vou a Baiona, que me reinfantiliza, que me restitui à minha bendita infância, à minha eternidade histórica, porque Baiona me traz a essência de minha Bilbao de mais de cinquenta anos atrás, da Bilbao que fez minha infância e que minha infância fez. O contorno da catedral de Baiona me devolve à basílica de Santiago de Bilbao, à minha basílica. Até àquela fonte monumental que tem ao lado! E tudo isso me levou a ver o final do romance de meu Jugo.

Meu Jugo desistiria afinal do livro, renunciaria ao livro fatídico, a terminar de lê-lo. Em suas correrias por este mundo de Deus para escapar da leitura fatídica, ele iria parar em sua terra natal, a de sua meninice, e nela se encontraria com sua própria meninice,[8] com sua meninice eterna, com aquela idade em que ainda não sabia ler, em que ainda

---

[8] *B*: "a sua terra natal, a de sua própria meninice...". Nesse caso, a omissão seria por puro engano, tendo-se saltado uma linha entre "a de sua meninice" e "sua própria meninice".

não era um homem de livros. E nessa meninice encontraria seu homem interior, o *eso anthropos*. Porque São Paulo nos diz nos versículos 14 e 15[9] da epístola aos Efésios que "por isso dobro meus joelhos diante do Pai, ao qual deve a existência toda família" – poderia sem grande violência traduzir-se: "toda pátria"[10] – "no céu e na terra para que vos conceda, segundo seu glorioso tesouro, que sejais poderosamente robustecidos pelo seu Espírito em vista do crescimento do vosso homem interior...". E este homem interior se encontra em sua pátria, em sua eterna pátria, na pátria de sua eternidade, quando se encontra com sua meninice, com seu sentimento – e, mais do que sentimento, com sua essência – de fidelidade, ao se sentir filho e descobrir o pai. Ou, seja, ao sentir o pai em si.

Exatamente nestes dias caiu em minhas mãos, como que por divina, ou seja, paternal providência, um livrinho de Johannes Hessen, chamado *Filiação de Deus (Gottes Kind Schaft)*,[11] e nele eu li: "Deveria por isso deixar bem claro que é sempre e toda vez o menino quem em nós acredita. Assim como ver é uma função da visão, acreditar é uma função do sentido infantil. Existe tanta potência de crença em nós quanto a infantilidade que tivermos". E Hessen nos lembra – é claro! – aquele trecho do Evangelho de São Mateus (18,3) quando Cristo, o Filho do Homem, o Filho do Pai, dizia: "Em verdade vos digo que se não vos transformardes e vos tornardes como criancinhas, não entrareis no Reino dos céus". "Se não vos tornardes", ele diz. E por isso é que eu torno a meu Jugo.

---

[9] Quer dizer, os versículos 14 e 15 do capítulo 3 da Epístola.

[10] A tradução fica um pouco bruta, mas é preciso lembrar que Unamuno tem em mente o texto grego, em que "todo o paterno" (Bíblia Vulgata, *omnis paternitas*) expressa-se como πᾶσα πατριὰ, que lhe teria sugerido o conceito de *pátria*.

[11] Johannes Hessen (1889-1971), filósofo e teólogo católico, publicou a primeira edição do livrinho – de cujo título a forma mais correta é *Gotteskindschaft* – em 1924, com uma edição um pouco ampliada em 1925. Em 1927, Hessen assumiu a cátedra de filosofia de Colônia.

E o menino, o filho, descobre o pai. Nos versículos 14 e 15 do capítulo 8 da epístola aos Romanos – e Hessen também nos lembra isso –, São Paulo nos diz que "todos os que são conduzidos pelo Espírito de Deus são filhos de Deus. Porquanto não recebestes um espírito de escravidão para viverdes ainda no temor, mas recebestes o espírito de adoção pelo qual clamamos: *Abbá!* Pai!". Ou seja: papai! Eu não me lembro de quando dizia "papai!" antes de começar a ler e a escrever – é um momento de minha eternidade que se perde de mim na bruma oceânica de meu passado. Meu pai morreu quando eu tinha acabado de completar seis anos[12] e toda imagem dele se apagou da minha memória, foi substituída – talvez apagada – pelas imagens artísticas ou artificiais, as dos retratos – entre outras, um daguerreótipo de quando ele era moço, e era a seu tempo apenas filho. Embora nem todas as imagens dele tenham se apagado, senão de forma confusa, em névoa oceânica, sem traços distintivos, ainda o diviso num momento em que, quando eu ainda era bem menino, o mistério da linguagem se revelou para mim. Acontece que havia na minha casa paterna de Bilbao uma sala de visitas, santuário litúrgico do lar, onde não deixaram as crianças entrar, para que não acabássemos manchando o chão encerado ou amarrotando as capas das poltronas. Do teto, pendia uma bola espelhada na qual as pessoas se viam pequenas e deformadas, e nas paredes havia litografias bíblicas penduradas, uma das quais representava – parece que a estou vendo! – Moisés extraindo água da rocha com uma varinha, assim como eu estou tirando estas lembranças da rocha da eternidade da minha meninice. Ao lado da sala, um quarto escuro onde se escondia a Marmota, um ser misterioso e enigmático. Pois bem: num dia em que consegui entrar na vetada e litúrgica sala de visitas, encontrei meu pai – papai! –, que me acolheu em seus braços, afundado numa das poltronas, diante de um

---

[12] A lembrança que é contada a seguir também aparece no primeiro capítulo de *Recuerdos de Niñez y Mocedad* (1908). Ali, Unamuno dizia que o pai morreu "antes de eu ter completado os seis anos", e aqui "quando eu tinha acabado de completar seis anos" – o que parece mais exato.

francês, um senhor Legorgeux – que vim a conhecer depois – e falando em francês. E que efeito produziu na minha consciência infantil – não quero dizer apenas fantasia, embora fantasia e consciência talvez sejam uma única e mesma coisa – ficar ouvindo meu próprio pai – papai! – falar numa língua que soava como uma coisa estranha e do outro mundo! Foi a impressão que me ficou gravada, a do pai que falava uma língua misteriosa e enigmática. Porque, na época, o francês era para mim uma língua de mistérios.

Descobri meu pai – papai! – falando uma língua de mistério e talvez acarinhando-me na nossa. Mas será que o filho descobre o pai? Ou não será o pai que descobre o filho? Será que é a filiação que carregamos nas entranhas que descobre em nós a paternidade, ou não será a paternidade de nossas entranhas que descobre nossa filiação? "O menino é o pai do homem", cantou para sempre Wordsworth,[13] mas não será o sentimento – que palavra pobre! – de paternidade, de perpetuidade em relação ao futuro, o que nos revela o sentimento de filiação, de perpetuidade em relação ao passado? Não haverá talvez um sentido obscuro de perpetuidade em relação ao passado, de pre-existência, junto ao sentido de perpetuidade em relação ao futuro, per-existência ou sobre-existência? Isso explicaria por que entre os índios, povo infantil filial, haja mais do que a crença, a vivência, a experiência íntima de uma vida – ou melhor, de uma sucessão de vidas – pré-natal, assim como entre nós, ocidentais, existe a crença, em

---

[13] Referência a um verso da breve lírica "My Heart Leaps up When I Behold", composta em 1802 – mas que também aparece, com outros dois versos desta poesia, como epígrafe da ode "Intimations of Immortality from Recollections of Early Childhood" (1807):
The Child is Father of the Man;
And I could wish my days to be
Bound each to each by natural piety.
[A Criança é Pai do Homem;
E eu poderia desejar que meus dias fossem
Ligados uns aos outros por piedade natural.]

muitos a vivência, a experiência íntima, o desejo, a esperança vital, a fé de uma vida após a morte. E será que esse *nirvana* para onde os índios se encaminham – e existe apenas o caminho – é uma coisa diferente da obscura vida natal intrauterina, do sonho sem fantasias, mas com um sentido inconsciente de vida, de antes do nascimento, mas depois da concepção? Eis aqui por que, quando me ponho a sonhar numa experiência mística fora do tempo, ou melhor, a retrotempo, chamo o ato de morrer de desnascer e a morte é outro parto.[14]

"Pai, em tuas mãos entrego meu espírito!", clamou o filho (Lucas 23,46) ao morrer, ao desnascer, no parto da morte. Ou, segundo outro Evangelho (João 19,30), clamou: *tetélestai!* "tudo está consumado!".

> "Tudo está consumado", suspirou e inclinando
> a cabeça – folhagem nazarena –
> nas mãos de Deus entregou o espírito;
> deu-o à luz;
> e assim Cristo nasceu sobre a cruz;
> e ao nascer se sonhava a retrotempo
> quando sobre uma manjedoura
> morreu em Belém
> para além de todo mal e todo bem.[15]

"Tudo está consumado" e "em tuas mãos entrego meu espírito". E o que é que assim ficou consumado? E o que foi esse espírito que ele pôs assim nas mãos do Pai, nas mãos de Deus? Esteve consumada sua obra e sua obra foi seu espírito. Nossa obra é nosso espírito e minha obra sou eu mesmo que estou me fazendo dia após dia e século após século, assim como sua obra é você mesmo, leitor, que está se fazendo momento após momento, agora me ouvindo como eu estou lhe falando.

---

[14] Ver comentários do "Prólogo" sobre o tema da simetria da vida.

[15] C, D: "bem"¹. Estas edições trazem a seguinte nota: " ¹ Este poema foi incorporado ao livro *Romancero del Destierro*, Buenos Aires, 1927 (N. E.)".

Porque quero crer que você me ouve mais do que me lê, assim como eu lhe falo mais do que lhe escrevo. Somos nossa própria obra. Cada um é filho de suas obras, ficou dito e repetido por Cervantes, filho de *Dom Quixote*, mas não será verdade que cada um também é pai de suas obras? E Cervantes é pai de *Dom Quixote*. Daí que cada um, sem conceptualismo, seja pai e filho de si mesmo e sua obra seja o espírito santo. Deus mesmo, para ser Pai, ensina-nos que precisou ser Filho, e que para se sentir nascendo como Pai desceu para morrer como Filho. "Só se vai ao Pai através do Filho", diz-nos o quarto Evangelho (14,6), e quem vê o Filho está vendo o Pai (14,8), e na Rússia o Filho é chamado de "nosso paizinho Jesus".

Sobre mim, posso dizer que não descobri realmente minha essência filial, minha eternidade de filiação, antes de ser pai, antes de descobrir minha essência paternal. Foi quando cheguei ao homem interior, ao *eso anthropos*, pai e filho. Então, senti-me filho, filho de meus filhos, e filho da mãe de meus filhos. E este é o eterno mistério da vida. O terrível Raphaël de Valentin, de *A Pele de Onagro*, de Balzac, morre, consumido de desejos, no seio de Pauline e estertorando, nas ânsias da agonia, "te amo, te adoro, te desejo...", mas ele não desnasce nem renasce porque não é no seio da mãe, da mãe de seus filhos, de sua mãe, que termina seu romance. E depois disso, em meu romance de Jugo, será que hei de fazê-lo terminar numa experiência de paternidade filial, de filiação paternal?

Mas existe um outro mundo, romanesco também – existe outro romance. Não o da carne, mas o da palavra, o da palavra tornada letra. E este é exatamente o romance que – como a história – começa com a palavra ou exatamente com a letra, pois sem o esqueleto a carne não fica de pé. E aqui entra aquilo de ação e de contemplação, a política e o romance. A ação é contemplativa, a contemplação é ativa: a política é romanesca e o romance é político. Quando meu pobre Jugo, vagando pelas margens – não podemos chamá-las de ribeiras – do Sena, deparou com o livro agourento e começou a devorá-lo, e se ensimesmou nele, transformou-se num puro contemplador, num mero leitor, o que é uma coisa absurda e inumana – sofria o romance, mas não o escrevia. E eu quero lhe contar, leitor, como escrever um romance, como se escreve e há de escrever você mesmo seu próprio romance. O homem interior, o intra-homem, quando se torna leitor, contemplador, se é um ser vivente há de se tornar leitor, contemplador do personagem que ele está ao mesmo tempo lendo, escrevendo, criando – contemplador de sua própria obra. O homem interior, o intra-homem – e ele é mais divino do que o ante-homem ou o super-homem nietzschiano –, quando se torna leitor torna-se o próprio autor, ou seja, ator – quando lê um romance, faz-se romancista, quando lê história, faz-se historiador. E todo leitor que seja homem interior, humano, é leitor, autor daquilo que lê e está lendo. Isto que agora você lê aqui, leitor, você o estará dizendo a si mesmo, e é tão seu quanto meu. E, se não for assim, é porque você não está lendo. E lhe peço perdão por isso, meu leitor, por aquela insolência mais do que impertinente que lhe lancei de que não queria lhe dizer como acabava o romance de meu Jugo, meu romance e seu romance. E peço perdão a mim mesmo por isso.

Será que você me compreendeu, leitor? E se lhe atiro assim essa pergunta é para poder colocar em seguida o que acabei de ler num livro filosófico italiano – uma de minhas leituras casuais – *Le Sorgenti Irrazionali del Pensiero*, de Nicola Abbagnano,[16] que diz: "Compreender não significa penetrar na intimidade do pensamento alheio, mas tão somente traduzir no *próprio* pensamento, na própria verdade, a experiência subterrânea em que a própria vida e a vida alheia se fundem". Mas será que isso não é penetrar na entranha do pensamento do outro? Se eu traduzir em meu próprio pensamento a experiência subterrânea em que se fundem a minha vida e a sua vida, leitor, ou se você a

---

[16] Nicola Abbagnano (1901-1990), professor de filosofia em Turim, publicou este primeiro livro em 1923. A citação está na p. 166.

traduzir em seu[17] próprio, e se chegarmos a nos compreender mutuamente, a nos ligar conjuntamente, não há de ser porque eu penetrei na intimidade do seu pensamento ao mesmo tempo que você penetrava na intimidade do meu, e que não é meu nem seu, mas comum aos dois? Não será talvez porque meu homem interior, meu intra-homem, toca e até se une com seu homem interior, com seu intra-homem, de maneira que eu viva em você e você em mim?

E não se surpreenda por eu lhe enfiar assim minhas leituras casuais e que você se enfie nelas. Gosto das leituras casuais, da casualidade das leituras, das que caem em minhas mãos, assim como gosto de jogar baralho todas as tardes, depois de comer, no café local, no Grand Café de Hendaye, com outros três companheiros. Que grande mestre de vida do pensamento é o baralho! Porque o problema da vida consiste em saber tirar proveito do acaso, em ter a manha de não colocar os pingos nos is se não *bater* com reis ou ases, ou em colocá-los quando conseguir *bater*. Como Montesinos[18] está certo ao dizer, em *Dom Quixote*: "Paciência e embaralhem!". Que sentença profunda de sabedoria quixotesca! Paciência – e embaralhem! E é o que eu estou fazendo aqui, em Hendaye, na fronteira, com o romance político da minha vida, e também com o religioso: paciência, e embaralhar! Eis a questão.

E não me venha com essa de dizer, meu leitor – e eu mesmo, como leitor de mim mesmo! –, que, em vez de lhe contar, conforme eu prometi, como escrever um romance, venho lhe colocando problemas e, o que é mais grave, problemas metapolíticos e religiosos. Você quer se deter por

---

[17] *A, C*: "seu". Aceitamos a correção feita em *B* e *D* porque parece ser uma exigência da estrutura da frase.

[18] *B, D*: "diz Durandarte". Trata-se, naturalmente, de um erro do autor mas, segundo os critérios aqui seguidos, segue sem correção. De fato, é Durandarte quem pronuncia (*Dom Quixote*, II, cap. XXII) a famosa frase, mas é preciso ter em mente a resposta de Unamuno na terceira edição de seu *Vida de Don Quijote y Sancho* a um professor que pretendia corrigir um detalhe em sua leitura do texto de Cervantes. Ela aparece no "Prólogo" escrito em 1928.

um momento nessa questão do problema? Dispense um filólogo helenista de lhe explicar o romance, ou seja, a etimologia da palavra *problema*. Ela é o substantivo que representa o resultado da ação de um verbo, *proballein*, deixar ou colocar para a frente, apresentar algo, e corresponde ao latino *proiicere*, projetar – daí que problema vem a corresponder a *projeto*. E o problema é um projeto do quê? De uma ação! O projeto de um edifício é um projeto de construção. E um problema pressupõe não tanto uma solução, no sentido analítico ou dissolutivo, mas antes uma construção, uma criação. Resolve-se fazendo-se. Ou, em outras palavras, um *projeto* se resolve num *trajeto*, um *problema* num *metablema*, numa troca. E é somente com a ação que se resolvem problemas. Ação que é contemplativa, assim como a contemplação é ativa, pois achar que se pode fazer política sem romance ou romance sem política é não saber aquilo que se quer achar.

Tucídides, um grande político de ação, tão grande quanto Péricles, foi o mestre de Maquiavel, e nos deixou "para sempre" – "para sempre!": é sua frase e sua marca – a história da guerra do Peloponeso.[19] Tucídides escreveu Péricles tanto quanto Péricles escreveu Tucídides.[20] Deus me livre de comparar o rei D. Afonso XIII, o irresponsável Primo de Rivera ou o epilético Martínez Anido, tiranetes da Espanha, com um Péricles, um Cléon ou um Alcibíades, mas estou profundamente convicto de que eu, Miguel de Unamuno, fiz que eles fizessem e dissessem muitas coisas, e entre elas muitas tolices. Se eles me fazem pensar e me fazer em meu pensamento – que é minha obra e minha ação –, eu os faço agir e talvez pensar e neste ínterim eles e eu vivemos.

E é assim, leitor, que se escreve para sempre um romance.

Concluído na sexta-feira, 17 de junho de 1927,
em Hendaye, Baixos Pirineus, fronteira
entre a França e a Espanha

---

[19] Em *C*, o parágrafo termina aqui.

[20] Em *B*, o parágrafo termina aqui.

TERÇA-FEIRA, 21.

Concluído? Como escrevi isso rápido! Será que se pode concluir alguma coisa, mesmo que seja apenas um romance, sobre como escrever um romance? Faz muitos anos, em minha primeira mocidade, ouvi meus amigos wagnerianos falarem de melodia infinita. Não sei muito bem o que é isso, mas deve ser como a vida e seu romance, que nunca se concluem. E como a história.

Porque hoje me chega uma edição de *La Prensa*, de Buenos Aires, do dia 22 de maio deste ano, e nela há um artigo de Azorín sobre Jacques de Lacretelle. Este enviou àquele um livrinho seu chamado *Aparte*, e Azorín o comenta. "Compõe-se – diz-nos, falando-nos sobre o livrinho de Lacretelle (não sobre Lacretelle, amigos argentinos) – de um pequeno romance intitulado *Cólera*, de um 'diário', em que o autor explica como compôs o tal romance, e de algumas páginas filosóficas, críticas, dedicadas a evocar a memória de Jean-Jacques Rousseau em Ermenonville."[21] Só conheço o livrinho de J. de Lacretelle – ou Lacretelle – por esse artigo de Azorín, mas acho profundamente significativo e simbólico que um autor que escreve um diário para explicar como compôs um romance evoque a memória de Rousseau, que passou a vida explicando como escreveu o romance dessa sua vida, ou seja, sua vida representativa, que foi um romance.

Azorín acrescenta em seguida:

> De todos estes trabalhos, o mais interessante, sem dúvida, é o "Diário de Cólera", quer dizer, as notas que, se não diariamente, mas pelo menos frequentemente, o autor foi fazendo a respeito do desenvolvimento do romance que tinha nas mãos.

---

[21] Jacques de Lacretelle (1888-1985), *Aparté: Colère-Journal de Colère-Dix Jours à Ermenonville* (Paris, 1927). O estudo sobre Rousseau em Ermenonville saiu primeiro na edição de maio de 1925 da *Nouvelle Revue Française*. O breve romance foi publicado em Paris em 1926 e no mesmo ano saiu em La Haye uma nova edição, junto do diário, num volume intitulado *Colère Suivi d'un Journal*.

Já se escreveu, recentemente, outro diário dessa estirpe: estou me referindo ao livro que o sutilíssimo e elegante André Gide escreveu para explicar a gênese e o processo de certo romance dele.[22] Esse gênero deveria se propagar. Todo romancista, a pretexto de um romance seu, deveria escrever outro livro – romance verdadeiro, autêntico – para dar a conhecer o mecanismo de sua ficção. Quando eu era menino – imagino que agora aconteça o mesmo – tinha muito interesse em relógios: meu pai e algum de meus tios costumavam me ensinar como funcionava o deles. Eu o examinava com cuidado e admiração: levava-o ao ouvido, escutava o tique-taque precipitado e perseverante, via como o ponteiro dos minutos avançava com muita lentidão. Finalmente, depois de examinado todo o exterior do objeto, meu pai ou meu tio levantava – com a unha ou com um canivete – a tampa posterior e me ensinava como funcionava o complicado e sutil mecanismo... O que os romancistas que agora escrevem livros para explicar o mecanismo de seu romance, para nos mostrar como eles agem quando escrevem, o que eles fazem é, simplesmente, levantar a tampa do relógio. O relógio do senhor Lacretelle é precioso: não sei quantos rubis a engrenagem tem, mas tudo nele é polido e brilhante. Vamos contemplá-lo e dizer alguma coisa a respeito daquilo que observamos.

Eis o que merece comentário:

Primeiro, a comparação com o relógio é muito mal conduzida e obedece à ideia do "mecanismo de sua ficção". Uma ficção com mecanismo, mecânica, não é nem pode ser um romance. Um romance, para ser vivo, para ser vida, precisa ser, como a própria vida, organismo e não mecanismo. E não adianta levantar a tampa do relógio: antes de mais nada, porque um verdadeiro romance, um romance vivo, não tem tampa, e depois porque o que se deve mostrar não é a engrenagem,

---

[22] Refere-se, naturalmente, a *Les Faux-Monnayeurs* (Paris, 1926), e ao *Journal des Faux-Monnayeurs* (Paris, 1926).

mas as entranhas palpitantes de vida, quentes de sangue. E isso se pode ver de fora. É como a cólera que se vê no rosto e nos olhos, sem necessidade de se levantar tampa alguma.

O relojoeiro, que é um mecânico, pode levantar a tampa do relógio para que o cliente veja a engrenagem, mas o romancista não precisa levantar nada para que o leitor sinta a palpitação das entranhas do organismo vivo do romance, que são as próprias entranhas do romancista, do autor. E também as do leitor identificado com ele através da leitura.

Mas, por outro lado, o relojoeiro conhece ponderadamente, criticamente, o mecanismo do relógio, mas será que o romancista conhece a esse ponto o organismo de seu romance? Se existe nele uma tampa, ela existe para o próprio romancista. Os melhores romancistas não sabem o que puseram em seus romances. E se se dispõem a escrever um diário sobre como os escreveram, é para descobrirem a si mesmos, os homens dados a diários, autobiografias e confissões – Santo Agostinho, Rousseau e Amiel –, passaram a vida procurando a si mesmos – procurando Deus em si mesmos – e seus diários, autobiografias ou confissões foram apenas a experiência dessa procura. E essa experiência só pode ser concluída junto de sua vida.

Com sua vida? Nem mesmo com ela! Porque sua vida íntima, entranhada, romanesca, continua na vida de seus leitores. Da mesma forma como começou antes. Porque quem disse que nossa vida íntima, entranhada e romanesca começou com cada um de nós? Mas sobre isso eu já falei e não é o caso de voltar a dizer o que foi dito. Embora... por que não? É típico do homem dado a diários, daquele que se confessa, o hábito de se repetir. Cada dia seu é o mesmo dia.

E cuidado com a tentação do diário! O homem dado a manter um diário – como Amiel – torna-se o homem do diário, vive para ele. Já não anota no diário aquilo que pensa diariamente, mas aquilo que pensa para anotar. E no fundo não será a mesma coisa? Costuma-se brincar a respeito dessa história de livro do homem e homem do livro – mas será que existem homens que não sejam de livro? Até os que nem sabem ler ou escrever. Todo homem, verdadeiramente homem, é filho de uma lenda, escrita ou oral. E tudo o que existe é lenda, ou seja, romance.

Concordamos, portanto, que o romancista que conta como escrever um romance conta como se escreve um romancista, ou seja, como se escreve um homem. E ele mostra suas entranhas humanas, eternas e universais, sem precisar levantar nenhuma tampa de relógio. Essa história de levantar tampas de relógios é coisa de literatos que não são exatamente romancistas.

Tampa de relógio! As crianças estripam um boneco, e ainda mais se for de corda, para ver suas tripas, para ver o que ele tem dentro. E, de fato, para perceber como funciona um boneco, um fantoche, um *homun culus* mecânico, é preciso estripá-lo, é preciso levantar a tampa do relógio. Mas... um homem histórico? Um homem de verdade? Um ator do drama da vida? Um indivíduo de romance? Este carrega suas entranhas no rosto. Ou, para dizer de outra maneira, sua entranha – *intranea* –, o interior, é sua "ex-tranha" – *extranea* – o exterior: sua forma é seu fundo. Eis aqui por que qualquer forma de expressão de um homem histórico verdadeiro é autobiográfica. Eis aqui por que um homem histórico verdadeiro não tem tampa. Ainda que seja hipócrita. Porque são justamente os hipócritas aqueles que mais carregam suas entranhas no rosto. Têm tampa, mas ela é de vidro.

QUINTA-FEIRA, 30/06.

Acabei de ler que quando Frédéric Lefèvre, o das conversas com homens públicos publicadas em *Les Nouvelles Littéraires* (ele me submeteu a uma delas), perguntou a George Clemenceau, o rapaz de 85 anos, se ele escreveria suas Memórias, ele respondeu: "Nunca! A vida existe para ser vivida, e não para ser contada!".[23] E, no entanto, Clemenceau, em

---

[23] A entrevista aparece na edição de 11 de junho de 1927, com o título "Une Heure avec M. Georges Clemenceau", quer dizer, a mesma rubrica da entrevista com Unamuno, que tanto o aborreceu.

sua longa vida quixotesca de guerrilheiro da pena, não fez outra coisa além de contar sua vida.

Contar a vida não será talvez um modo – e talvez o mais profundo – de vivê-la? Amiel não viveu sua vida ao contá-la? Seu *Diário* não é sua vida? Quando irá se acabar essa contraposição entre ação e contemplação? Quando afinal se entenderá que a ação é contemplativa e a contemplação é ativa?

Existe o fato [o feito] e existe o que se faz. Chega-se ao invisível de Deus pelo que está feito – *per ea quæ facta sunt*, de acordo com a versão latina canônica, não muito presa ao original grego, de um trecho de São Paulo (Romanos 1,20) –, mas esse é o caminho da natureza, e a natureza é morta.[24] Existe o caminho da história, e a história é viva – e o caminho da história é chegar ao invisível de Deus, aos seus mistérios, pelo que se está fazendo, *per ea quæ fiunt*. Não por poemas – que é a exata expressão paulina –, mas por poesias; não pelo entendimento, mas pela intelecção, ou melhor, pela intenção – mais propriamente *intensão*. (Já que temos *extensão* e *intensidade*, por que não haveremos de ter *intensão* e *extensidade*?)

Estou vendo minha vida aqui e agora à medida que a estou contando. E aqui e agora é a atualidade, que sustenta e funde a sucessão do tempo, assim como a eternidade a envolve e reúne.

DOMINGO, 03/07.

Lendo hoje uma história da mística filosófica da Idade Média, tornei a deparar com aquela sentença de Santo Agostinho em suas *Confissões*, em que ele nos diz (livro 10, c. 11, n. 50) que se tornou problema em si mesmo: *mihi quæstio factus sum* – porque acho que se deve traduzir *quæstio* como problema. E eu me tornei problema, questão, projeto de mim mesmo. Como se resolve isso? Fazendo do projeto trajeto, e do

---

[24] Ver nota 3 de "Comentários".

problema *metaproblema* – lutando. E assim lutando, civilmente, aprofundando-me em mim mesmo como problema, questão, para mim, transcenderei a mim mesmo e para dentro, concentrando-me para irradiar-me, e chegarei ao Deus atual, ao Deus da história.

Hugo de São Vitor, o místico do século XII, dizia que subir a Deus era entrar em si mesmo, e não apenas entrar em si, mas ultrapassar-se a si mesmo, no mais interiorizado – *in intimis etiam seipsum transire*[25] –, de determinado modo inefável, e que o mais íntimo é o mais próximo, o supremo e eterno. E através de mim mesmo, atravessando-me, chego ao Deus de minha Espanha nesta experiência do desterro.

SEGUNDA-FEIRA, 04/07.

Agora que minha família veio e me instalei com ela, para os meses de verão, numa *Villa*, fora do hotel, voltei a determinados hábitos familiares – e entre eles o de me distrair, junto aos meus, jogando uma solitária paciência com o baralho, que aqui na França chamam de *patience*.

A paciência de que mais gosto é uma que deixa certa margem de cálculo para o jogador, ainda que não seja muita. As cartas são colocadas em oito fileiras de cinco em sentido vertical – ou seja, cinco fileiras de oito, no sentido horizontal, claro que no significado abusivo

---

[25] A frase aparece no tratado de Hugo de São Vitor, *De Vanitate Mundi*, Liber Secundus: "Ascendere ergo ad Deum, hoc est intrare ad semetipsum, et no solum ad se intrare, sed ineffabili quodammodo in intimis etiam seipsum transire. Qui ergo seipsum, ut ita dicam, interius intrans et intrinsecus penetrans transcendit, ille veraciter ad Deum ascendit". Migne, *PL*, 176, p. 715a. ["Ascender, portanto, até Deus pressupõe entrar em si mesmo, e não apenas entrar em si, mas de um modo inefável e no mais íntimo, transcender até si mesmo. Portanto, quem consegue isso, penetrando e se aprofundando cada vez mais em seu interior, como já disse, em verdade, ascende a Deus."]

em que se fala de vertical e horizontal num plano horizontal[26] – e o desafio é tirar desde baixo os ases e os dois colocando as 32 cartas que restam em quatro filas verticais, da mais alta para a mais baixa e sem que duas cartas de um mesmo naipe fiquem juntas. Ou seja: uma dama de ouros, por exemplo, não deve vir seguida de um sete também de ouros, mas de qualquer dos outros três naipes. O resultado depende, parcialmente, do modo como se começa: é preciso saber, portanto, aproveitar o acaso. E é justamente essa a arte da vida na história.

Enquanto continuo o jogo, atendo-me a suas regras, a suas normas, com a mais escrupulosa consciência normativa, com um sentimento vivo do dever, da obediência à lei que eu criei para mim – o jogo bem jogado é a fonte da consciência moral –, enquanto continuo jogando, é como se uma música silenciosa embalasse minhas meditações sobre a história que vou vivendo e escrevendo.[27] E enquanto manipulo reis, valetes, damas e ases, passam pelo fundo de minha consciência, sem que eu me dê conta plenamente, o rei, os tiranetes pretorianos de minha pátria, seus carrascos e bedéis, os bispos e todo o baralho da farsa da ditadura.[28] E eu mergulho no jogo e jogo com o acaso. E, se uma jogada não der certo, volto a juntar as cartas e embaralhá-las. E isso é um prazer.

Embaralhar as cartas é como, num outro plano, ver as ondas do mar quebrando na areia da praia. E as duas coisas nos falam da natureza na história, do acaso na liberdade.

E não me impaciento se a jogada tarda em se resolver e não trapaceio. E isso me ensina a esperar que a jogada histórica de minha Espanha se resolva, a não me impacientar com seu soluço, a embaralhar e ter paciência nesse outro jogo solitário e de paciência. Os dias vêm

---

[26] *B*: "Ou seja, cinco filas de oito em sentido horizontal". Aqui também a omissão pode ser explicada simplesmente por um erro tipográfico, tendo-se saltado duas linhas entre os dois empregos da palavra "horizontal".

[27] Em *C*, o parágrafo termina aqui. Em *B*, omite-se a frase seguinte.

[28] Em *B*, continua aqui o texto de *A*.

e vão, como vêm e vão as ondas do mar. Os homens vêm e vão – e às vezes vão e depois vêm – como vêm e vão as cartas do baralho, e este vaivém é a história. Lá, ao longe, sem que eu conscientemente ouça, ressoa na praia a música do mar fronteiriço. Arrebentam nela as ondas que vieram lambendo a costa da Espanha.

E quantas coisas me sugerem os quatro reis, com suas quatro damas, os de espada, paus, ouros e copas – caudilhos das quatro fileiras da ordem vencedora! A ordem!

Paciência, portanto, e embaralhem!

TERÇA-FEIRA, 05/07.

Continuo pensando nos jogos de paciência, na história. A paciência é o jogo do acaso. Um bom matemático poderia calcular a probabilidade que existe de uma jogada sair ou não. E assim, se dois indivíduos se lançam em competição para resolvê-la, o natural é que num mesmo jogo obtenham o mesmo percentual de soluções. Mas a competição deve ser: quem resolve mais jogadas num mesmo tempo. E a vantagem do bom jogador de paciência não é jogar mais depressa, mas abandonar mais jogadas apenas começadas, assim que consegue prever que não têm solução. Na suprema arte de tirar proveito do acaso, a superioridade do jogador consiste em se dispor a abandonar a tempo uma partida, para poder começar outra. E isso vale também na política e na vida.

QUARTA-FEIRA, 06/07.

Será que vou acabar caindo na armadilha do *nulla dies sine linea*, nem um dia sem escrever alguma coisa para os outros – antes de mais nada para si mesmo – e para sempre? Para sempre de si mesmo, se me entendem. Isso é cair na armadilha do homem do diário. Cair? E o que é cair? Aqueles que falam em decadência é que devem saber. E em ocaso. Porque ocaso, *ocasus*, de *occidere*, morrer, é um derivado de *cadere*, cair.

Isso me faz lembrar aqueles dois heróis imortais – sim, heróis! – do ocaso de Flaubert, modelo de romancista – que romance é sua *Correspondência* –, aqueles que o escreveram quando ele decaía para sempre: Bouvard e Pécuchet. E Bouvard e Pécuchet, depois de percorrerem todos os recantos do espírito universal, acabaram como escreventes.[29] Não seria melhor que eu concluísse o romance de meu Jugo de la Raza fazendo que ele, depois de abandonar a leitura do livro fatídico, se dedicasse a jogar paciência e, jogando paciência, esperasse concluir o livro da vida? Da vida e da via, da história que é caminho.

Via e pátria, como diziam os místicos escolásticos,[30] ou seja: história e visão beatífica. Mas será que são coisas diferentes? O caminho já não é a pátria? E a pátria – entenda-se: a celestial e eterna, a que não é deste mundo, o reino de Deus cujo advento pedimos diariamente (nós que pedimos) – não continuará sendo o caminho?

Mas, enfim, seja feita a sua vontade assim na terra como no céu! Ou, como cantou Dante, o grande proscrito:

> *In la sua volontade é nostra pace.*
> "Paraíso", III, 91.

E pur si muove![31] Ah, porque não há paz sem guerra!

---

[29] Ver nota 17 de "Como Escrever um Romance".

[30] Entre outros, o próprio Hugo de São Vitor, em *Soliloquium de Arrha Animae*: "Infelicior esses si de exilio patriam faceres, nunc vero, quia in exilio erras, ad viam revocanda es" (Migne, *PL*, p. 953) ["Serias mais infeliz se fizesses do exílio uma pátria, mas agora, que vagas no exílio, deves retificar teu caminho"].

[31] Ao recordar a lendária sentença de Galileu (proferida, de acordo com uma tradição, imediatamente após renunciar à crença no movimento da Terra, por ordem do Santo Ofício), Unamuno revela seu próprio desejo de que a pátria eterna continue sendo caminho – quer dizer, movimento – e não quietude imóvel.

QUINTA-FEIRA, 07/07.

O caminho, sim, a via, que é a vida, e atravessá-la jogando paciência – eis o romance. Mas as paciências são paciências só para um – os outros não participam delas. E a pátria que existe por trás desse caminho de paciências é uma pátria de solitários, uma pátria de solidão – de solidão e de vazio. Como escrever um romance – bem, mas para que se escreve? E o para que é o porquê. Por que, ou seja, para que se escreve um romance? Para se escrever o romancista. E para que escrever o romancista? Para escrever o leitor, para se tornar um com o leitor. E é só se tornando um que o romancista e o leitor do romancista se salvam, ambos, de sua solidão radical. Na medida em que se tornam um, eles se atualizam e, atualizando-se, eternizam-se.

Os místicos medievais – São Boaventura, o franciscano, acentuou isso mais do que qualquer outro – distinguem entre *lux*, luz, e *lúmen*, lume.[32] A luz permanece em si mesma; o lume é quem se comunica. E um homem pode luzir – e reluzir –, alumbrar – e alumbrar-se.

Um espírito luza, mas como saberemos que ele luza se não nos alumbrar? E há homens que reluzem, como costumamos dizer. E os que reluzem é com sua própria complacência: mostram-se para reluzirem. Aquele que reluz conhece a si mesmo? Poucas vezes. Pois, como não cuida de alumbrar os outros, não alumbra a si mesmo. Mas aquele que não apenas luza, mas alumbra os outros ao luzir, este luza alumbrando a si mesmo. Porque ninguém conhece melhor a si mesmo do que aquele que cuida de conhecer os outros. E, como conhecer é amar, talvez fosse conveniente variar o preceito divino e dizer: ama a ti mesmo como amas a teu próximo.

---

[32] "Lux potest tripliciter considerari, scilicet in se et in transparenti et in extremitate perspicui terminati – primo modo est lux, secundo modo lumen, tertio modo hypostasis coloris" (São Boaventura, *Omnia Opera*, Quaracchi, 1885, tomo I, p. 294) ["A luz pode ser considerada de três formas, a saber: em si mesma, no transparente e no último extremo da transparência: na primeira é luz; na segunda, luminosidade; na terceira, hipóstase da cor"].

De que serviria ganhar o mundo se você perdesse sua alma? Bem – mas de que serviria ganhar sua alma se você perdesse o mundo? Em lugar de mundo, ponhamos a comunhão humana, a comunidade humana, ou seja, a comunidade comum.

E eis aqui como a religião e a política se tornam uma[33] no romance da vida atual. O reino de Deus – ou, como queria Santo Agostinho, a cidade de Deus – é, como "cidade", política e, como "de Deus", religião.

E cá estou eu, no desterro, às portas da Espanha e como seu esbirro, não para luzir ou reluzir – mas para alumbrar e me alumbrar, para escrever nosso romance, história, a da nossa Espanha. E quando digo que estou aqui para me alumbrar, com este "me" não estou querendo me referir somente a meu eu, leitor, mas ao seu eu, a nossos eus. Porque nós não é a mesma coisa que eus.[34]

O infeliz Primo de Rivera acha que reluz, mas será que ele se alumbra? No sentido vulgar e metafórico, sim: ele se alumbra – mas tem absolutamente menos de alumbramento. E não alumbra ninguém. É um fogo-fátuo, uma luzinha que não consegue produzir sombra.

---

[33] A: "um".

[34] Em B e C, o livro termina aqui, omitindo-se o parágrafo final. Em D, ele é incorporado ao penúltimo parágrafo.

BIBLIOGRAFIA

Da vasta bibliografia de estudos sobre a obra de Unamuno, selecionamos para esta edição: 1) os títulos de ensaios dedicados particularmente a *Como Escrever um Romance* ou ao desterro de Unamuno; 2) estudos gerais sobre a obra unamuniana que contivessem observações sobre *Como Escrever um Romance*; 3) estudos sobre outras obras de Unamuno e outros aspectos de sua vida, os quais têm uma importância particular para a interpretação que demos a *Como Escrever um Romance*. Para mais dados, ver a bibliografia de OC (1958), X, p. 1075-1095, e de *La Torre*, IX, n. 35-36, 1961, p. 601-36, além daquela que aparece em "Crónica Unamuniana" de *Cuadernos de la Cátedra Miguel de Unamuno*.

ALBORNOZ, Aurora de. "Un Extraño Presentimiento Misterioso". *Insula*, XVI, n. 181, 1961, p. 10.

AZAR, Inés. "La Estructura Novelesca de *Cómo se Hace una Novela*". *MLN*, LXXXV, 1970, p. 184-206.

BLANCO AGUINAGA, Carlos. "Interioridad y Exterioridad en Unamuno". *NRFH*, VII, 1953, p. 686-701.

_____. *El Unamuno Contemplativo*. México, 1959, 2. ed. Barcelona, 1976.

_____. "Unamuno's *Niebla*: Existence and the Game of Fiction". *MLN*, LXXIV, 1964, p. 188-205.

CASSOU, Jean. "Unamuno Déporté". *Mercure de France*, CLXXXI, 1924, p. 245-52.

_____. "Unamuno Viviente". *La Torre*, IX, n. 35-36, 1961, p. 87-91.

ESPLÁ, Carlos. "Vida y Nostalgia de Unamuno en el Destierre". *La Torre*, IX, n. 35-36, 1961, p. 117-46.

FERRATER MORA, José. *Unamuno, Bosquejo de una Filosofía*. Buenos Aires, 1944.

García Blanco, Manuel. "Statement by Professor García Blanco". *HR*, XXXIV, 1966, p. 324-25.

Gullón, Ricardo. "La Novela Personal de Don Miguel de Unamuno". *La Torre*, IX, n. 35-36, 1961, p. 93-115.

_____. *Autobiografía de Unamuno*. Madri, 1964.

Ilie, Paul. *Unamuno: An Existentialist View of Self and Society*. Ann Arbor, MI, 1967.

Lacy, Allen. "Censorship and *Cómo se Hace una Novela*". *HR*, XXXIV, 1966, p. 317-25.

Marías, Julián. *Miguel de Unamuno*. Madri, 1943.

Meyer, François. *L'Ontologie de Miguel de Unamuno*. Paris, 1955.

Nozick, Martin. "Unamuno and *La Peau de Chagrin*". *MLN*, LXV, 1950, p. 255-56.

Olson, Paul R. "The Novelistic Logos in Unamuno's *Amor y Pedagogía*". *MLN*, LXXXIV, 1969, p. 248-68.

_____. "*Amor y Pedagogía* en la Dialéctica Interior de Unamuno". *Actas del Tercer Congreso Internacional de Hispanistas*. México, 1970, p. 649-56.

París, Carlos. *Unamuno: Estructura de su Mundo Intelectual*. Valência, 1968.

Regalado García, Antonio. *El Siervo y el Señor: La Dialéctica Agónica de Unamuno*. Madri, 1968.

Salcedo, Emilio. *Vida de Don Miguel*. Salamanca, 1964.

Sánchez Barbudo, Antonio. "Los Últimos Años de Unamuno. El Misterio de la Personalidad en Unamuno (*Cómo se Hace una Novela* y Otras Obras del Destierro)". *RUBA*, XV, 1950, p. 201-54.

_____. "Una Experiencia Decisiva: La Crisis de 1897". *HR*, XVIII, 1950, p. 217-43.

_____. *Estudios sobre Unamuno y Machado*. Madri, 1959. (Ediciones Guadarrama).

Serrano Poncela, Segundo. *El Pensamiento de Unamuno*. México, 1955.

Torre, Guillermo de. "*Cómo se Hace una Novela*, o los Soliloquios Obsesionantes de Unamuno". *Síntesis*, Buenos Aires, IV, 1928, p. 114 ss.

ZUBIZARRETA, Armando. "Unamuno en su 'Nivola' (Estudio de *Cómo se Hace una Novela*)". CCMU, X, 1960, p. 5-27.

_____. *Unamuno en su "Nivola"*. Madri, 1960.

Você pode interessar-se também por:

Como falar, como ouvir — Mortimer J. Adler

Livros sobre a arte de falar há muitos, mas poucos se dedicam à arte de ouvir. Com sua erudição e clareza, Mortimer Adler aborda neste volume ambas as atividades em seções distintas dedicadas ao discurso ininterrupto, à escuta silenciosa e à conversa de mão dupla. Fundamental para estudantes, homens de negócios, políticos, conferencistas e todos que desejam aperfeiçoar suas habilidades comunicativas.

facebook.com/erealizacoeseditora
twitter.com/erealizacoes
instagram.com/erealizacoes
youtube.com/editorae
issuu.com/editora_e
erealizacoes.com.br
atendimento@erealizacoes.com.br